BIBLIOTECA DE **IDEAS**
de Especialidades Juveniles

dinámicas de integración
para refrescar tu ministerio

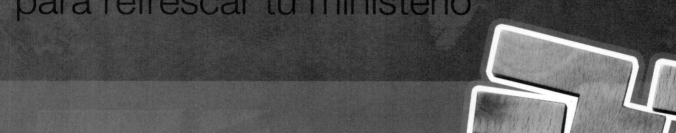

BIBLIOTECA DE IDEAS
de Especialidades Juveniles

dinámicas de integración
para refrescar tu ministerio

La misión de Editorial Vida es ser la compañía líder en satisfacer las necesidades de las personas, con recursos cuyo contenido glorifique al Señor Jesucristo y promueva principios bíblicos.

BIBLIOTECA DE IDEAS: DINÁMICAS DE INTEGRACIÓN
Edición en español publicada por
Editorial Vida – 2012
Miami, Florida

© 2012 por Youth Specialties

Originally published in the USA under the title:
Crowd breakers & Mixers 2
Copyright © Año 2003 by Youth Specialties
Published by permission of Zondervan, Grand Rapids, Michigan 49530.

Traducción: *Esteban Obando*
Edición: *Madeline Diaz*
Diseño interior: *Base creativa*

ISBN: 978-0-8297-5929-7

CATEGORÍA: Ministerio cristiano/Juventud

IMPRESO EN ESTADOS UNIDOS DE AMÉRICA
PRINTED IN THE UNITED STATES OF AMERICA

12 13 14 15 ❖ 6 5 4 3 2 1

Contenido

ROMPEHIELOS

BIBLIOTECA DE IDEAS

Confesiones del papel higiénico

Este juego requiere solo papel higiénico. Haz que tu grupo se siente en un círculo y le pase el rollo a cada miembro. Diles que pongan el rollo en sus dedos y observen cuántos cuadros de papel logran obtener al jalar el rollo una vez. Después que todas las personas tengan su oportunidad de hacerlo, haz que los jugadores cuenten cuántos cuadrados obtuvieron. Luego deben decir alguna cosa acerca de sí mismos por cada trozo de papel que poseen.

John Cook

Mueve el trasero

Necesitarás muchas sillas en dos hileras para este juego, con un pasillo en el centro. Cada hilera se coloca frente a frente. Divide al grupo en dos o cuatro equipos, un equipo sentado a la izquierda y el otro a la derecha. (Si tiene cuatro equipos, pon dos equipos a cada lado). El líder dice una frase como esta:

* Si estas usando zapatos…
* Si alguna vez has sido porrista…
* Si tienes el cabello café…
* Si tuviste un gran barro la semana pasada…

Si la respuesta para el chico es verdadera, esa persona debe moverse a la derecha en la hilera. (Por ejemplo, el equipo sentado en las sillas con el pasillo a su derecha se mueve a la derecha en cada turno). Los jóvenes se mueven un lugar por cada pregunta que es verdadera para ellos. Si alguno se mueve a un asiento que está ocupado, entonces se sienta en el regazo de la otra persona o comparten la misma silla. Cuando un chico llegue al último asiento y deba moverse un espacio más, simplemente sale de la hilera. El primer equipo en tener todos sus miembros fuera de la hilera gana.

Amy Cole

Pictionary telefónico

Vas a necesitar dos equipos de al menos quince personas cada uno. Es posible realizar la actividad con menos personas, pero con esta cantidad mínima resulta mejor. Pon en fila a diez jóvenes de cada equipo y sitúa al resto del grupo alrededor de la habitación. Susúrrale una frase o declaración a la primera persona de la fila. Entonces ese chico vuelve a susurrarla a la siguiente persona en la fila y así sucesivamente, justo como en el juego del teléfono. Cuando la última persona en la fila ha escuchado la oración, corre a través de la habitación hacia el resto del grupo y comienza a dibujar imágenes y figuras para hacer que el grupo adivine la frase que ella escuchó. (Los jugadores no pueden usar letras o números en sus dibujos.)

VARIACIÓN: Haz un dibujo justo y sencillo y muéstraselo a la última persona en la fila. Luego, como en el juego del teléfono, esa persona debe usar sus dedos para dibujar la figura en la espalda del que tiene enfrente, y ese chico a su vez dibujará lo mismo que sintió en la espalda de la persona delante de él, y así hasta que lleguen al primero de la fila. Luego la primera persona de la fila hará un dibujo de lo que sintió en un pedazo de papel, intentando que sea igual al dibujo original. El dibujo más parecido gana.

Amy Cole

Por cierto...

Puedes hacer esta actividad en cualquier momento y en cualquier lugar. Haz que todos se sienten en círculo. Camina alrededor del círculo y pídele a cada persona que diga su nombre y agregue: «Por cierto…», declarando a continuación una frase de cuatro palabras que describa algo de él o ella. Por ejemplo: «Mi nombre es Pat y *por cierto*, mi gato es gordo». Mientras se vayan moviendo alrededor del círculo, cada uno debe repetir lo que la persona anterior dijo, de modo que todos lleguen a conocer mejor a los otros. Este juego es muy divertido, porque cada chico se vuelve muy creativo acerca de lo que dice y cómo lo dice.

Heath Kumnick

Ponche misterioso

En esta divertida actividad los chicos trabajan en grupos pequeños, crean y se ríen un montón.

Necesitarás una variedad de ingredientes para mezclar: jugos de frutas, sirope de chocolate, frutas, soda… mientras más creativo seas, mejor. Si evitas ingredientes como el jugo de pepinillo y la leche agria, déjame decirte que puedes utilizarlos con tu cena. Muéstrate creativo sin llegar a ser desagradable. Los aztecas tenían una bebida llamada Chocal. Las cosas más cercanas que puedes utilizar para elaborarla hoy en día sería caldo de pollo, cacao y salsa Tabasco. (¡No pongas esa cara, es muy buena!).

Dile a los grupos que creen su propio comercial de bebida. Pueden ponerle nombre e inventar un slogan. Después de un tiempo límite, haz que el grupo comparta lo que han inventado. Ten muchas copitas de muestra para que todos puedan probar la bebida. Otorga premios por el mejor nombre, la peor apariencia y el mejor sabor.

NOTA: ¡Este juego también funciona con pizza!

Becky Carlson

El cuerpo de plastilina de Cristo

Esta es una lección objetiva que enfatiza la importancia de ser parte de un grupo, el Cuerpo de Cristo (edificando la unidad, dando y recibiendo, 1 Corintios 12:12-26).

Primero necesitas algo de plastilina o Play-Doh para cada persona del grupo. La plastilina debe ser de diferentes colores. ¡Los jóvenes aman jugar con plastilina! Haz que cada uno moldee la plastilina mostrando algo que simbolice quiénes son. Dales un tiempo para mostrar lo que han hecho y comentar cómo los representa. Después que cada persona hable, explica lo bonito que es ser reconocido como individuos, así como también que cada individuo ayuda a crear un grupo. Sin embargo, para formar parte de un colectivo, tenemos que dar de nosotros mismos.

Deja que ellos tengan la oportunidad de darle al grupo, de una forma simbólica, al entregar la plastilina de nuevo. En cuanto los jóvenes devuelvan su plastilina, júntala toda en una gran bola. NO LA AMASES HASTA QUE SE MEZCLEN TODAS. El resultado será una bola grande y colorida de plastilina. Esta gran bola representa a cada miembro del grupo aportando algo único al colectivo a fin de crear algo hermoso. Entonces viene la parte divertida. Señala que así como damos, también recibimos. Dale un pedazo de la gran bola a cada uno que compartió su plastilina. Deja que los chicos sepan que todos tienen algo de otra persona en su nuevo pedazo de plastilina. Cada uno puede llevarse a casa ese pedazo del grupo.

NOTA: No puedes separarte del grupo una vez que ya te integraste a él. Si lo intentas, tu plastilina se quedará pegada a las otras.

Una vez que cada persona tiene su parte, es hermoso ver todos sus diferentes colores. No obstante, si continuas amasando la plastilina, en muy poco tiempo adquirirá un nuevo y no tan lindo color.

Jeanne Wong

Pegatinas de identificación

Prepara con anticipación suficientes pegatinas de identificación como para todos los participantes que vayas a tener (se trata de etiquetas adhesivas blancas donde puedes escribir el nombre de alguien y pegarlo en su camiseta). Usen nombres de personajes de televisión, personajes de las historias infantiles, celebridades, actores y actrices de películas o atletas profesionales. En cuanto cada chico vaya llegando, colócale una pegatina en la espalda e indícale el tema. Cada uno debe averiguar quién es presentándose a otro miembro del grupo y haciendo preguntas de «sí» y «no». Cuando una persona averigua su identidad, puede mover su pegatina al frente, pero siguen en el juego contestando las preguntas de los demás.

Don Mullins

13

Multitud de nombres

Este en un juego rápido para que conozcamos los nombres de los chicos. Empiecen por sentarse en el piso en círculo. Avanza alrededor del círculo y que cada persona diga su nombre tres veces. El grupo responde en cada ocasión diciendo: «¿Quién?». La persona que habla por lo general lo hace cada vez más fuerte, pero dales la oportunidad de ser creativos (los chicos se divierten mucho con esto). Algunos chicos dicen su nombre más lento, más bajito o más raro en cada ocasión. Un ejemplo de esto podría ser algo así: La primera persona se presenta en un tono de voz normal: «Miguel». El grupo responde diciendo: «¿Quién?». Miguel responde un poco más alto: «¡Miguel!». El grupo vuelve a preguntar: «¿Quién?». Esta vez el chico grita con toda su fuerza: «¡MIGUEL!». Y luego el grupo dice: «Ohhhhh, Miguel». Entonces es el turno de la siguiente persona.

Tim Bilezikian

El juego «Piensa como yo»

Prepara hojas con oraciones tontas y entrégaselas a tu grupo. Dale a los chicos treinta segundos para que llenen los espacios en blanco. Cuando el líder diga: «¡Ya!», los chicos empiezan a buscar a otros chicos que hayan escrito la misma respuesta. Una vez que encuentren una respuesta igual, firman la hoja de la otra persona. Estas son algunas ideas de cómo puedes empezar.

✽ El perro de Gabriel es tan grande que en lugar de un palito él busca un _____.

✽ Va a hacer tanto frío en el campamento el próximo mes que Laura se va a congelar en su _____.

✽ Cada vez que veo la crema batida pienso en _____.

✽ Puede que no creas en la reencarnación, pero en una vida pasada (el pastor de jóvenes) fue _____.

✽ Muy poca gente aprecia un postre hecho enteramente de _____.

✽ «Este jugo de fruta sabe raro», dijo Bill. «Es como si hubieran exprimido un _____ para hacerlo».

Everett Bracken

Letra mayúscula

Antes de la reunión, escribe una letra mayúscula en tantas pegatinas de identificación como cantidad de participantes vayas a tener. Coloca una pegatina en la espalda de cada persona en el grupo y dale un lápiz a cada jugador y un pedazo de papel. Cada chico debe averiguar cuál letra tiene en su espalda presentándose a sí mismo a otra persona y diciendo una palabra de cinco letras. Esta otra persona debe indicar si la palabra contiene la letra que está en la espalda del que la mencionó. Al llevar el orden de las palabras que tienen o no tienen la letra, los chicos pueden averiguar a la larga la letra que aparece en su espalda. Cuando la persona conoce su letra, mueve su pegatina al frente, pero sigue en el juego para responder las preguntas de los que todavía tienen que averiguar la suya.

Don Mullins

¿Quiénes son ustedes dos?

Haz que los chicos se unan en parejas con alguien que no conocen o una persona que consideren muy diferente a ellos. Cada pareja debe encontrar cinco objetos que tengan en común y hacer una lista en un pedazo de papel. Cuando todas las parejas terminen, un líder lee las listas y el grupo debe decidir a cuál pareja pertenece la hoja. (NOTA: La pareja que sepa que su lista está siendo leída debe comportarse de la misma forma que el resto del grupo y adivinar también. Si solo se quedan sentados y sonriendo es como si se estuvieran delatando).

Christy Dixon

Buscando mi fortuna

Este es un excelente rompehielos para los grupos pequeños. Compra una caja de galletas de la fortuna y reemplaza las fortunas por un pedacito de papel que contenga los dones espirituales que Pablo menciona en Romanos 12:4-8. (Coloca un don en cada galleta. Si no logras conseguirlas, puedes hacerlas. Busca alguna buena cocinera en la iglesia). Dale una a cada integrante del grupo. Luego haz que cada chico abra su galleta y lea el don que aparece en ella. Pídeles a los chicos que le expliquen al grupo de qué forma su don se aplica a ellos o cómo podrían usarlo en su vida diaria. Después que cada chico haya leído su papelito, permíteles que intercambien sus dones con alguna otra persona con cuyo don se sientan más identificados. Avanza alrededor del círculo y pregúntales por qué lo intercambiaron.

VARIACIÓN: Si tienes algún fanático de las revistas de historietas en tu grupo, trata de hacer este juego después de ver un corto de la película *Los Hombres X.* ¿Cuáles son los poderes de tus chicos?

VARIACIÓN: También puedes poner los pedacitos de papel en un globo inflado. Los chicos revientan los globos para revelar los dones. Habla acerca de cómo Dios quiere que explotemos con nuestros dones y no solo dejemos que fluyan lentamente.

Steve Case

Frases «Gump»

Proyecta el segmento de la película *Forrest Gump* donde Tom Hanks dice: «Mi mamá dijo que la vida es como una caja de chocolates...». Haz que tu grupo invente tantas frases «Gump» como puedan. Dale una caja de chocolates a la mejor o la más extraña.

Steve Case

Más en común de lo que te imaginas

Este juego funciona mejor con grupos grandes. Pídeles a los chicos que se presenten a otra persona en la multitud. Luego, haz que encuentren algo que tengan en común en una de estas cinco categorías: comida favorita, grupo de música favorito, programa de televisión favorito, película favorita y deporte favorito. Cuando hayan encontrado a alguien con el que coinciden, deben permanecer juntos, encontrar a otra pareja, presentarse a sí mismos y buscar una categoría en la que puedan conectarse con estas otras dos personas. Los cuatro luego buscarán a otro grupo de cuatro y así sucesivamente.

Dave Fox

El animal extinto

Vas a necesitar papel, crayolas, lapiceros o marcadores para dibujar y pintar, así como una lista de nombres y atributos falsos de animales.

Divide a los chicos en unos cuantos equipos y distribuye el papel y los implementos para dibujar. Lee el nombre del animal falso y menciona un par de sus características (puede volar o nadar, come carne o fresas, tiene colmillos o de qué tamaño es). Haz esto con cada equipo. Luego dales alrededor de unos cinco o seis minutos para dibujar al animal como equipo. Procura que todos los chicos tengan su turno como artista oficial dentro del equipo y jueguen hasta que cada uno haya tenido la oportunidad de agregarle algo al dibujo. Luego haz que un líder objetivo juzgue cada dibujo usando categorías como el más imaginativo, el más preciso y el mejor trabajo de arte.

Brian Stegner

¿Quién es?

Antes del juego, averigua un dato acerca cada chico. Imprime estos datos en una hoja de papel, sácale copias y repártelas. Haz que los chicos recorran el salón averiguando a quién pertenece cada dato.

Aquí hay algunas ideas para los datos: canción favorita, qué hace su padre para vivir, qué hace su madre para vivir, su ingrediente favorito en la pizza y cuál póster tiene pegado en la pared de su cuarto. (Intenta no usar cosas demasiado generales como: «Le gusta la pizza»).

Joel Lusz

Diez preguntas

Primero, haz que los chicos se unan en parejas con alguien que conozcan bien o más o menos bien. Luego, pídele a cada equipo de dos que se una a otro par que no conozcan bien o no conozcan del todo. Ahora cada equipo debe tener cuatro personas en él.

Empezando con la persona en cada grupo que tenga más años, jueguen a las diez preguntas, una versión modificada del juego de las veinte preguntas. (¡Recuerda, en este juego los jugadores solo pueden hacer preguntas de sí y no!).

El tema del primer jugador es: La persona (viva o muerta) con la que más me gustaría almorzar.

Después de dos minutos diga: «Tiempo» y pídale a cada grupo que le pregunten al segundo jugador (la persona a la izquierda del primer jugador). La categoría del segundo jugador es: La primera cosa que desearía si tuviera la lámpara de Aladino (excluyendo más deseos o dinero).

Continúe jugando hasta que cada miembro del grupo haya sido cuestionado acerca de su categoría. La categoría del tercer jugador es: El evento histórico que más me gustaría presenciar (si tuviera una máquina del tiempo).

La categoría del cuarto jugador es: Un evento de mi propia vida que me gustaría volver a vivir.

Len Woods

Fin de la secundaria

Esta loca actividad de discusión les brinda a los grupos pequeños o medianos una oportunidad de tener diversión y conocerse mejor. Te tomará cerca de diez minutos. Realiza esta actividad durante o cerca del último día de clases.

Pídeles a todos que se unan en parejas y luego dales a cada pareja una copia de la hoja que está en la página 18, la cual se explica por sí misma.

NOTA: Para grupos mayores, cambia la última oración por: «Haga predicciones acerca de lo que todos ustedes van a estar haciendo dentro de cinco años».

Len Woods

Mezcla de nombres

Haz que los chicos se presenten a sí mismos, pero solo pueden pronunciar sus nombres al revés. Por ejemplo, si el nombre de alguno fuera Juan Pérez, entonces deberá presentarse como Nauj Zerep.

Para aquellos chicos con apellidos largos, ayúdales a escribir su nombre en reversa a fin de que lo puedan pronunciar correctamente.

Este juego provoca una buena cantidad de risas y puede dar inicio a algunos nuevos apodos para algunos chicos. Lo mejor de todo es que mientras los chicos se concentrar en decir sus nombres al revés, esto ayuda a que su nombre normal se mantenga presente en tu mente.

Brant Taylor

No es solo un juego

Esta es una actividad divertida para llevarla a cabo con los chicos adolescentes. Fotocopia la hoja que se encuentra en la página 21 titulada «No es solo un juego» y repártelas a tus chicos. Ajusta la última instrucción para que se acomode a la lección que elegiste dar en la reunión. La misma sirve como una buena introducción al tema.

Brad Sorenson

(Véase Fin de la secundaria en la página 17.)

Encuentra a una pareja y completa las siguientes instrucciones:

✝ Únanse a otra pareja y discutan sus planes para el verano.

✝ Detengan a otra pareja y canten juntos unas estrofas de su canción favorita de los Beach Boys.

✝ Hagan que una de las parejas se monte a caballo sobre la otra y choquen los cinco con otras tres personas.

✝ Busquen a otras dos parejas, siéntense y expliquen rápidamente (en no más de diez segundos cada uno) lo que las vacaciones significan para ustedes.

✝ Júntense con otras tres parejas y por turnos hablen acerca de su clase más y menos favorita del año que acaban de terminar.

✝ Jueguen a la pídola con otro dúo mientras que todos los cuatro cantan: «No más lapiceros, no más libros, no más profesores con miradas severas».

✝ Siéntense con una última pareja y hagan predicciones en cuanto a dónde van a ir a la universidad y en qué se van a especializar.

El regreso de Leopoldo

Este es un gran juego para ayudar a los chicos a que se aprendan los nombres de cada uno. Vas a necesitar un objeto. Todos los objetos sirven, puede ser una navaja de bolsillo o un vaso de papel, cualquier cosa que tengas a mano. Muestra el objeto y asígnale un nombre. «Este es mi llavero, Leopoldo». Habla acerca de Leopoldo. Explica cuánto tiempo los dos han estado juntos. Preséntale a Leopoldo al joven a tu izquierda, el cual debe presentárselo a la siguiente persona, y así sucesivamente. El truco radica en que cada uno debe decir los nombres de todos los chicos que estuvieron antes. Un juego típico se desarrolla así:

(Líder de jóvenes): Leopoldo, mi nombre es Roni, y me gustaría presentarte a Marcos.

Marcos: Hola, Leopoldo. Roni dijo que tu nombre es Leopoldo. Yo soy Marcos, me gustaría presentarte a Carla.

Carla: Hola, Leopoldo. Marcos dijo que Roni dijo que tu nombre es Leopoldo. Yo soy Carla y me gustaría presentarte a Miguel.

Miguel: Hola. Carla dijo que Marcos dijo que Roni dijo que tu nombre es Leopoldo. Mi nombre es Miguel y me gustaría presentarte a David.

David: Hola. Miguel dijo que Carla dijo que Marcos dijo que Roni dijo que tu nombre es Leopoldo. Yo doy David y me gustaría presentarte a Nicole.

Nicole: Hola. David dijo que Miguel dijo que Carla dijo que Marcos dijo que Roni dijo que tu nombre es Leopoldo. Mi nombre es Nicole y me gustaría presentarte a Leoney.

Y así sucesivamente.

Steve Case

Actividad de la culebra

Dale a cada chico una tarjeta con una pregunta, por ejemplo: «¿Cuál es tu color favorito?», «¿En qué lugar te gusta más comer?», «¿Cuál es el apellido de soltera de tu mamá?», «¿Qué talla de zapato usas?». Cada chico debe contestar la pregunta y devolver la tarjeta sin ponerle su nombre.

Mezcla las tarjetas y distribúyeselas a los chicos. Los chicos tratarán de encontrar a la persona descrita en la suya. Cuando encuentren a la persona de la tarjeta, se tomarán de la mano y la persona del frente (aquella que fue encontrada, pero que no ha encontrado al chico que se describe en su tarjeta) se lleva a los otros con ella a fin de encontrar al que está buscando. Cuando la última persona sea encontrada (y vaya al final de la línea), la línea se convertirá en un círculo. El juego termina y todos se pueden sentar en un redondel. NOTA: A los chicos no se les permite preguntar: «¿Es esta tu tarjeta?».

Chad Groff

Entablando relaciones

Escribe dos listas y pregúntales a los chicos qué prefieren:

* ¿Pantalones de mezclilla o pantalones de vestir?
* ¿Frío o caliente?
* ¿Quedarse en casa o salir?
* ¿Volumen alto o volumen bajo?
* ¿Burger King o McDonald's?
* ¿Pizza o malteada?

Esto hará que el grupo hable y discuta. Pregúntale al colectivo: «¿Cuál ha sido la cosa más rara que hayas tenido que comer?». El grupo va a descubrir que lo que alguna gente ve raro, otros lo consideran muy normal. Pídeles a los chicos que hablen de su peor desastre al cocinar, ya sea la primera vez que trataron de hacerlo o al intentar impresionar a una cita.

Matt Zarb

El juego del intercambio

Haz que cada chico busque a una pareja y distribuye al grupo en dos círculos concéntricos. El círculo de adentro se colocará con los rostros hacia afuera y el círculo externo con los rostros hacia adentro. Cuando los círculos estén completos, las parejas deben estar mirándose directamente cara a cara. Ahora pídeles a los chicos que intercambien alguna información con su pareja, empezando siempre por el nombre (por ejemplo: cuál es su nombre, a qué colegio asisten, en qué año están, cuál es su sabor favorito de helado, etc.). Después que hayan intercambiado la información, haz que canjeen algún objeto personal (por ejemplo: la billetera, un zapato, un collar, una hebilla para el cabello, etc.).

Después de este primer intercambio, pídele al círculo de adentro que se muevan tres personas a su derecha. Ahora todos tienen una nueva pareja. Solicita que intercambien de nuevo alguna información. Usa las mismas preguntas de antes, o cambia algunas o todas ellas. Por ejemplo, puedes querer que averigüen todavía a que colegio van y en qué año están, pero ahora tal vez desees que mencionen su tipo de pizza favorita. Solo debes estar seguro de que siempre indiquen sus nombres. Una vez que hayan terminado de intercambiar la información, pídeles que una vez más intercambien algún objeto personal. No puede tratarse de algo que hayan recibido antes. Tiene que ser alguna cosa diferente que les pertenezca a ellos mismos.

Ahora pídele al círculo exterior que se mueva tres personas a su derecha, resultando así en la formación de nuevas parejas. Para este entonces, todos ya deberían haber canjeado tres artículos.

Ahora haz que el círculo interior se mueva tres personas a su derecha. Esta vez, después que hayan intercambiado la información, solicita que cada chico intercambie un objeto que haya recibido de otra persona. Repite este mismo proceso

(Véase No es solo un juego en la página 17).

No es solo un juego

Deben tener al menos 15 nombres diferentes en su hoja a fin de calificar para el gran premio

✚ Busca a cuatro personas y canten «Feliz Navidad» juntos.

✚ Busca a dos personas que puedan decir tres oraciones en francés.

✚ Busca a otra persona y continúen la siguiente conversación:

Tú: Hola, ¿cómo estás? ¿Hola?

Él o ella: Estoy bien. ¿Te gusta la gelatina?

Tú: Sí, en especial la amarilla.

Él o ella: A mí también, pero que no tenga malvaviscos.

Tú: Muy cierto. ¿Tocas el violoncelo?

Él o ella: ¡Sí! Pero solo cuando me siento triste.

Consigue la firma_____

✚ Súbete en una silla, junta tus manos en el aire y salta como si no te importara (por al menos cinco segundos).

Firma de un testigo _____.

✚ Busca a tres personas que hayan comido en McDonald's durante esta semana.

✚ Busca a dos personas más que celebren su cumpleaños en el mismo mes que tú.

✚ Busca a cinco personas más y formen una pirámide humana.

✚ Consigue la firma de una persona de cada año de secundaria.

Primer año: _____

Segundo año: _____

Tercer año: _____

Cuarto año: _____

Quinto año: _____

✚ Busca a una persona que juegue cada uno de estos deportes y consigue su firma.

Fútbol _____

Baloncesto _____

Voleibol _____

Béisbol _____

Natación _____

dos veces más, alternando entre el círculo interno y el externo, e intercambiando los objetos recibidos de otras personas.

Para ese momento todos debieron haber hecho ya seis intercambios diferentes, de modo que sus objetos se encuentran dispersos. Esto conlleva a la parte final del juego: ¡Caos masivo! El paso final es decirle a los chicos que ahora deben recuperar todas sus pertenecías y colocarlas en el lugar correcto. La primera persona en completar esta tarea puede ganar algún tipo de premio o tal vez tener el primer lugar en la fila de la comida si están alistándose para ir a comer.

Vas a necesitar al menos unos treinta chicos para jugar, pero puedes realizar esta actividad con grupos de más de cien personas. Obviamente, es posible hacerles algunas adaptaciones al juego, pero llevando a cabo seis intercambios (tres pertenencias propias y tres de otra persona) funciona mejor.

Stephen Campbell

Relevos de pinzas

Ata una cuerda para la ropa de un extremo del salón al otro, a la altura del hombro de una persona promedio. Coloca las pinzas para ropa en la cuerda y a los equipos en línea frente a ella. El objetivo es correr hacia la cuerda, remover una de las pinzas con los dientes (no con las manos) y traerla de vuelta al equipo. Todos los miembros del equipo deben hacer lo mismo en forma de relevos.

Adrienne Cali

Conferencia de prensa

La meta es crear con diversión un foro en vivo en el cual los miembros del grupo no solo se aprendan los nombres de los demás (al escucharlos una y otra vez), sino que lleguen a enterarse de algunos datos interesantes sobre cada uno. El grupo entero simula una conferencia de prensa de verdad. Los individuos se turnan para ser entrevistados. Los integrantes del grupo imitan a los miembros de la prensa al levantar sus manos y hacer preguntas. Los líderes del grupo pueden inclusive crear una tarima falsa con micrófonos falsos también. Si el grupo reproduce con éxito el ambiente de una conferencia de prensa de verdad, esta actividad va a provocar muchas risas y a ayudar al grupo a conocerse mejor.

Conferencia de prensa

(Véase Conferencia de prensa en la página 22).

Preguntas de ejemplo para la prensa:

✢ ¿Cuánto mides?

✢ ¿Qué haces en un día normal?

✢ ¿Cuál es tu pasatiempo favorito?

✢ ¿Cómo te sientes en este preciso momento?

✢ ¿Cómo deberíamos interpretar tu vacilación a la respuesta de la última pregunta?

✢ ¿A quién en este grupo de jóvenes has conocido durante más tiempo?

✢ Pregunta con truco: ¿Cuándo dejaste de robar en las tiendas?

✢ ¿Dónde creciste?

✢ Háblanos acerca de tus hermanos(as) si los tienes.

✢ ¿Cuáles fueron tus primeras impresiones acerca de tu novio(a)?

✢ ¿Cuáles fueron tus primas impresiones de la Iglesia _____?

✢ ¿Qué postres o comidas te gustaría consumir en estas reuniones?

✢ ¿Cuál es el pasaje o la historia de la Biblia que más te gusta?

✢ ¿Cuál ha sido la mejor película que hayas visto en los últimos seis meses?

✢ ¿Cuál ha sido el mejor libro que has leído en los últimos seis meses?

✢ Si pudieras tener cualquier carro, ¿qué modelo elegirías y por qué?

✢ Si estuvieras por ingresar a la universidad hoy, ¿que especialidad escogerías y por qué?

✢ ¿Qué sección del periódico lees primero y por qué?

✢ ¿Cuáles son tus mejores y peores hábitos?

✢ ¿Qué ciudad te gustaría visitar?

✢ ¿Qué juego olímpico te gusta ver más y por qué?

✢ ¿Qué revistas lees de modo habitual?

✢ Menciona una queja que tengas en cuanto a tu mascota.

✢ Termina esta oración: Mi familia _____.

✢ Termina esta oración: Mi mundo consiste principalmente _____.

✢ Si tuvieras un día libre sin responsabilidades, obligaciones ni horarios, ¿cómo lo pasarías?

✢ ¿Cómo podrían mejorar los cultos en la iglesia?

✢ ¿Por qué escogiste unirte a este grupo en particular?

✢ ¿En qué momento de tu vida te has sentido más cerca de Dios?

✢ ¿Qué debería hacer nuestro país con respecto a _____?

✢ ¿Qué piensas del presidente?

✢ ¿Cuál es tu comida favorita?

✢ Algunas personas piensan que nuestro grupo debería ir a un viaje misionero. ¿A dónde te gustaría ver al grupo ir y por qué?

¡A la playa!

(Véase ¡A la playa! en la página 25).

Tan rápido y con toda la precisión posible, complete la siguiente lista:

1. Busca a una persona de piel clara y pregúntale: «¡Vaya! ¿Cómo te pusiste tan bronceado?». Obtén la firma _____.

2. Únete a otras tres personas. Dos de ustedes rodeen en un círculo a las otras dos, tarareando la canción de la película «Tiburón», mientras los otros dos chicos gritan durante diez segundos. Anota las iniciales de una de las personas: _____.

3. Camina alrededor de la habitación moviendo tus manos como si estuviera surfeando y dile a cinco personas distintas: «¡Yo podría ganarte haciendo surf a ti y a toda tu familia cualquier día de la semana!». La quinta persona debe firmar aquí: _____.

4. Dirígete a alguien que apenas conozcas y dale un discurso de diez segundos acerca de por qué el océano sabe salado. Consigue la firma: _____.

5. Salta hacia arriba y hacia abajo diez veces agitando tus brazos y gritando: «¡Todo mundo fuera del agua!». Consigue la firma de un testigo: _____.

6. Pregúntale a alguien cuál es la predicción del clima para mañana y luego estalla en una risa descontrolada. La persona debe firmar aquí: _____.

7. Reúnete con otras dos personas, acuéstense en el piso y pretendan que están nadando mientras cantan: «Esta es la manera en la que nadamos a Hawai, nadamos a Hawai, nadamos a Hawai. Esta es la manera en la que nadamos a Hawai, tan temprano en la mañana». Obtén la inicial de un compañero: _____.

NOTA: Si los miembros de la prensa entrevistan de doce a dieciséis personas, este ejercicio va a tardar cerca de una hora tomando en cuenta el factor risas y la gente subiendo y bajando del estrado.

REGLAS:

1. El grupo (llamado cuerpo de prensa) entrevista individualmente a los chicos durante alrededor de sesenta a noventa segundos. Los miembros del grupo pueden elegir ser entrevistados entre sí o por ellos mismos. El grupo debe tener a alguien que actúe como cronometrador.
2. El cuerpo de prensa puede inventar sus propias preguntas o utilizar las preguntas ya preparadas en la página 23.
3. Antes de que los reporteros hagan sus preguntas, las personas entrevistadas deben ser reconocidas por su nombre.
4. Cuando los reporteros sean llamados por nombre para hacer una pregunta, deben levantarse, repetir sus nombres y ofrecer algún tipo de identificación (por ejemplo, David Meléndez del Diario Nacional o Johana Palacios de la Revista Moda y Salud). Después deben dirigirle la pregunta al entrevistado.
5. Los entrevistados deben responder rápidamente y dar respuestas breves para que puedan ser hechas al menos cinco o seis preguntas. Las pausas largas mientras las personas piensan qué responder pueden resultar en una conferencia larga y aburrida.
6. Continúe hasta que la última persona sea entrevistada.
7. Cuando el tiempo asignado termine, la persona entrevistada puede hacer un breve comentario final. Luego se reincorpora al grupo y la prensa entrevista a alguien nuevo o a otra pareja.

Len Woods

¡A la playa!

Esta actividad combina actividades locas y oportunidades de conocerse. Funciona mejor en grupos de veinte o más personas y resulta genial durante el verano o en paseos a áreas cercanas a la playa. Lleva a cabo este juego como una competencia y otorga un premio o simplemente indica un límite de tiempo. Entrégale a cada persona una copia de la página 24.

Len Woods

La actividad de la tubería

Haz que los chicos se dividan en equipos de ocho a veinte personas. Dales a todos una pajilla, luego haz que se coloquen en fila y ponlos de rodillas. Cada equipo debe escoger un sorbedor (podrías darle un sombrero que lo identifique), el cual debe ubicarse al final de la fila. A una señal, ellos deben unir todas sus pajillas y formar una tubería para que el sorbedor pueda tomar la Coca-Cola que se encuentra en un vaso.

Adrienne Cali

Relevos con galletas de perros

Estos divertidos relevos funcionan de una forma excelente en un grupo de cualquier tamaño. Si tu grupo es grande, divídelo en equipos de cinco o más jugadores. Si tu grupo es pequeño, divídelo en dos y repite los relevos dos o más veces para determinar cuál es el equipo ganador.

Haz que cada equipo forme una línea recta con cada chico colocado en cuatro patas (como un perro) y con su cara apuntando hacia el frente. Dales a todos los miembros del equipo una prensa de ropa para que se la pongan en su boca de modo que puedan abrirla y cerrarla con los dientes. Coloca un tazón con diez o doce galletas de perro en el piso frente a cada línea del equipo. La primera persona en cada equipo debe agarrar las galletas de perro del tazón una por una usando la prensa que tiene en su boca. Luego debe pasarle la galleta a la siguiente persona, y así sucesivamente. Si alguien deja caer la galleta, aquel que lo hizo necesita recogerla con la prensa. No está permitido usar las manos en ningún momento. Los equipos deben permanecer en línea recta y en cuatro patas durante todo el relevo. El primer equipo en poner todas las galletas en el tazón al final de la línea gana.

Adrienne Cali

Multitud de centavos

Dale a todos diez monedas de un centavo y forma un círculo con el grupo. Coloca un gran tazón en el centro del círculo y haz que cada chico participe por turnos. Cuando a alguien le toque participar, la persona le dirá al grupo algo que nunca ha hecho. Si alguien en el grupo ha realizado aquello que la persona indica, deberá tirar una de sus monedas al tazón. Algunos ejemplos son:

✳ «Nunca he viajado en avión».
✳ «Nunca he conducido un auto».
✳ «Nunca he comido pescado crudo».
✳ «Nunca he trabajado de noche».
✳ «Nunca he llorado de cólera».

La última persona que al final todavía conserve alguna moneda gana.

Rick McCall

No he hecho eso jamás

(Variación de *Multitud de centavos*)

Haz que todos se sienten en un círculo de sillas con una persona en el centro. Debes estar seguro de que no hay sillas vacías en el círculo. La persona del centro señala: «Hola, yo soy _____». El grupo responde: «Hola, _____». La persona luego dice: «No he _____ jamás», e indica algo que nunca haya hecho (por ejemplo: viajado a Francia, cantado en el coro, comido sushi).

Todas las personas que sí hayan hecho lo que se mencionó deben levantarse y moverse a una silla distinta. Una persona nunca puede regresar a la silla que acaba de dejar. Mientras todos se mueven, el que está en el centro trata de sentarse en una silla vacía. El chico que se queda de pie es el que pasa a ocupar entonces el centro.

Don Mullins

Expreso a toda velocidad

Haga que un grupo (no más de doce) se siente en
sillas al estilo de un tren, con los chicos mirando a las espaldas de la persona
delante de ellos. El objetivo del juego es llegar a la primera silla y quedarse ahí.

La persona sentada en la silla número uno empieza. Ella grita su propio
número en voz alta seguido del número de otra persona. Si «¡Uno Seis!» es llamado, el número seis va a gritar su propio número y el de otra persona: «¡Seis
Cuatro!». El número cuatro repite el proceso. Si alguien se equivoca o dice:
«Um... Eh... o Ahhh», el líder de jóvenes hace sonar una campana y esa persona se debe mover a la última silla. Todos los demás avanzan una silla y toman
un nuevo número. El número uno empieza de nuevo.

Este es un juego sencillo y engañoso. Mientras más rápido se muevan, más
divertido se vuelve. Tu trabajo como líder de jóvenes es incrementar gradual-
mente la velocidad. El líder de jóvenes puede jugar, aunque también debe ser el
juez. Empieza despacio, pero con el tiempo debes volverte despiadado a la hora
de sonar el timbre.

Steve Case

¡Intenta leerme!

Este es un pequeño juego por medio del cual
vamos a conocernos. Reparte papeles y lapiceros. Haz que los chicos escriban
una corta biografía acerca de ellos mismos o escriban sobre algún evento raro
que les haya sucedido durante la semana anterior. Luego pídeles a los chicos
que intercambien sus papeles.

Diles que imaginen que estos papeles fueron escritos en una máquina de escribir muy antigua que tenía rota la letra A. Después haz que cada chico tache o
remueva todas las letras A de la hoja. Entonces solicita que los chicos lean la
biografía en voz alta como está escrita ahora.

Steve Case

Canicas

Vas a necesitar vasos de espuma de polietileno y
canicas. Después de entregar los vasos, haz un agujero del tamaño de una canica en el fondo de cada uno. El agujero podría estar también en un lado cerca del
fondo. Varía la posición del agujero en cada vaso.

Luego forma dos líneas (tal vez hombres y mujeres) y dales los vasos a los chicos. Ellos deben mantener los vasos en su boca.

Explícales que vas a depositar una canica en el vaso del primer alumno. Los
chicos deben entonces hacer rodar la canica alrededor del vaso hasta que caiga
a través del agujero del tamaño de la canica en el vaso del siguiente estudian-
te. Si la canica no cae en el vaso, es necesario devolverla a su lugar anterior.
Observar a los muchachos retorcerse a fin de depositar la canica en el siguiente
vaso resulta muy divertido. Haz que cada fila transporte cinco canicas.

Paul Turner

JUEGOS PARA EMPEZAR LA REUNIÓN

BIBLIOTECA DE IDEAS

Todos a darse vuelta

Coloca a todos en un círculo mirando hacia afuera y tomados de las manos. Si tu grupo es muy grande para la habitación, forma más de un redondel. Pídeles a todos que se tomen de las manos y lánzales el siguiente reto: Trabajando como equipo, deben voltearse de manera que todos queden mirando hacia el centro del círculo. El problema consiste en que no pueden soltar en ningún momento las manos de sus compañeros. ¡Es posible! Sin embargo, para lograrlo todos deben trabajar en equipo.

Este juego te ayudará a identificar a los chicos que son líderes natos, de la misma manera señala a aquellos que son colaboradores o buenos seguidores. Mientras más personas estén involucradas es mejor.

Este juego además sirve como un buen rompehielos y te ayudará a clarificar algún punto importante de tu enseñanza. Las personas están forzadas a tener contacto cuando se toman de las manos y al tratar de voltearse. Necesitan comunicarse para hacerse sugerencias acerca de cómo lograr su objetivo, lo cual les ayuda a conocer los nombres de los demás y desarrollar su liderazgo. Por último, comparten la recompensa de trabajar juntos y alcanzar aquello que al principio parecía imposible.

Dave Milliken

Solamente preguntas

Forma dos equipos de cinco personas y pídeles que se coloquen frente a frente en el salón. Luego solicítale al público que mencione algunos temas para discutir. Escoge uno de los temas que indicaron y pídele a la primera persona de uno de los equipos que empiece una conversación con el otro equipo acerca del tema escogido, pero en forma de preguntas. Si una persona tarda mucho tiempo en responder (cinco segundos o más) o lo hace con alguna frase que no está en forma de pregunta, debe salir del juego y sentarse. El equipo con más personas al final gana.

Ejemplo de un tema para jugar: «El concierto de la semana pasada».

* Equipo 1: ¿Fuiste al concierto la semana pasada?
* Equipo 2: ¿Había un concierto?
* Equipo 1: ¿No te enteraste?
* Equipo 2: ¿Y estuvo bueno?

Y así sucesivamente.

Grupo constructor

Construye un objeto abstracto usando plastilina, palitos de madera, bloques o cualquier cosa que tengas a mano (solo asegúrate de que los equipos que formes tengan las piezas o los materiales suficientes para reproducir el objeto). No permitas que nadie vea de qué se trata. Divide a tu grupo en grupos más pequeños que sean del mismo tamaño. Pídele a cada grupo pequeño que escoja un líder. Los líderes irán al frente del salón, donde está escondido el objeto. Ellos podrán tener un tiempo determinado para inspeccionar el objeto sin moverlo o tocarlo.

Seguidamente, los líderes volverán a sus grupos, donde le explicarán a sus compañeros cómo construir el objeto. El grupo es el que debe construir el objeto, mientras que el líder, el cual sabe lo que están construyendo, puede solo hablarle a su grupo pequeño.

VARIACIÓN: Durante algunos instantes, entretanto el grupo está construyendo, permite que otro miembro del equipo pase al frente y le dé un vistazo al objeto, de modo que dos personas puedan comunicarse con el grupo.

Beth Duron

Verano excéntrico

Este juego combina una loca actividad con oportunidades para que los chicos se familiaricen entre sí. El mismo funciona mejor en grupos de veinte personas o más y durante algún viaje a un campamento, en lugares montañosos y retirados, o durante las vacaciones. Dale a cada persona una copia de la página 33 y planea una competencia con un premio o simplemente establece un tiempo límite.

Len Woods

El juego del «YO»

Haz copias de uno de los lados de un billete o compra un poco de dinero de juguete barato. Dale a cada uno en el grupo cuatro de los billetes falsos. Luego solo mezcla al grupo y conversen. Cualquiera que diga «YO», refiriéndose a él o ella misma, debe darle uno de los billetes al que lo sorprenda, aunque si nadie te atrapa puedes conservar tu dinero. Algunos jugadores quedarán en bancarrota muy rápidamente, varios se harán ricos, y otros aprenderán a engañar a los demás para que digan «YO». Los jóvenes se darán cuenta de lo mucho que se refieren a ellos mismos, lo cual permitirá iniciar una discusión sobre ser egocéntrico.

Victor Holland

La batalla de las películas

Necesitarás un reproductor de audio, una cinta con diferentes sonidos grabados y una pizarra o tablero a fin de llevar el marcador. Además, puedes buscar audios de películas famosas o programas de televisión que muchos conozcan. Usa un buen criterio en cuanto a la elección de las películas que vas a usar. Divide a tus jóvenes en dos o más equipos. Podrías hacer una competencia de chicos contra chicas si eso funciona para tu grupo.

Reproduce los fragmentos de las películas y que tus chicos griten las respuestas correctas. El equipo que identifique la película primero gana un punto. Si piensas que algunas de las películas son más difíciles, dales un mayor puntaje.

Brian Stegner

Verano excéntrico

(Véase *Verano excéntrico* en la página 32).

De manera tan rápida y exacta como te sea posible, lleva a cabo todo lo que se indica en la siguiente lista:

1. Reúnete con otras tres personas. Imiten ser campeones de patinaje y patinen alrededor del cuarto dos veces. Escribe la inicial de uno de tus compañeros aquí _____.

2. Escoge a alguien y juntos canten dos líneas de cualquier canción que puedan recordar que contenga la palabra «sol» en ella. Que esa persona ponga su firma justo aquí _____.

3. Toma de la mano a alguien más y corran alrededor del cuarto durante diez segundos como si estuvieran entrenando. Escribe la inicial de tu compañero aquí _____.

4. Salta sobre una silla, mira por la ventana poniendo una cara aterrorizada y grita: «¡Terremoto!». Haz que un testigo firme aquí_____.

5. Dile a cinco personas: «Felices fiestas». Escribe las iniciales de la quinta persona aquí_____.

6. Párate próximo a alguien y juntos pretendan estar sufriendo de un ataque de calor. Encuentren a otra persona con la que quejarse y a quien decirle: «¡El salón está muy caluroso! ¡Encienda el aire acondicionado!». Esa persona firma aquí_____.

7. Encuentra a otras tres personas y juntos pretendan estar dando un paseo a caballo alrededor de toda la habitación. Una de esas personas firma aquí_____.

8. Ejecuta tu mejor estornudo falso. Encuentra a la persona que puso sus iniciales en el punto número tres y dile que le dé una puntuación a tu estornudo del uno al diez (uno fue fingido más allá de las palabras y diez resultó tan real que pensé que estaba a punto de morir). Firma _____..

Umm!

Indícale a tus jóvenes un tema y dales treinta segundos para nombrar siete artículos sin decir: «Umm... Eh... Ahhh» o cualquier otra frase que indique una vacilación. Puedes escoger tus propios temas, pero algunas sugerencias son: cosas que son rojas, cosas que son azules, cosas que apagas (o enciendes), cosas que vuelan, libros de la Biblia, discípulos, cosas que conduces, etc.

Al indicarles el tema, comienza a contar el tiempo de inmediato. No les des ninguna oportunidad para que puedan pensar sobre el tema. Los que mencionen primero esas siete cosas ganan un punto.

Monty Eastman

Cuadrados Hollywood

Necesitas nueve sillas al frente, pizarras pequeñas (o nueve hojas impresas con una gran O y nueve hojas impresas con una gran X en ellas), nueve consejeros o voluntarios ingeniosos (esto funciona mejor con los consejeros) y una lista de preguntas (probablemente quince o menos para una ronda de juego). Coloca las nueve sillas en tres filas (las cuales simularán un juego de tres en línea), sienta a cada consejero en cada una de las sillas (estos consejeros pueden asumir las identidades de algunas celebridades para darle un giro distinto al juego). Por último, escoge a dos participantes de tu audiencia.

El juego se conoce básicamente como «Tic-Tac-Toe» o «Tres en línea». El anfitrión tiene una lista de cuestiones que pueden ser trivias de la Biblia, preguntas al azar sobre tu iglesia o acerca de cualquier tema que escojas. Tus dos participantes (uno será O y el otro X) se turnarán para escoger un consejero a fin de que responda la siguiente pregunta del anfitrión. Una vez que el consejero dé su respuesta, el participante indicará si está de acuerdo o no con lo que el consejero contestó. Si la respuesta es correcta, el participante gana el espacio.

Los comentarios ingeniosos y sarcásticos de los consejeros al ser escogidos serán bienvenidos.

Melissa Dickinson

El juego del ¡Ahh!

Coloca a todos en un círculo (esto funciona mejor con un máximo de quince jóvenes por círculo).

Una persona comienza apuntando a otra con ambas manos y brazos y gritando: «¡Ahh!». Entonces la persona que fue señalada levanta sus brazos al cielo y también grita: «¡Ahh!». Las dos personas al lado de ella la apuntan con ambas manos y brazos gritando: «¡Ahh!». La primera persona entonces señala a otra del círculo mientras —adivinaste— grita: «¡Ahh!». Y todo se repite. Este es un juego de ritmo, así que cuando alguien rompa el ritmo, deberá salir del círculo. Juega hasta tener a los dos ganadores.

Jason Djang

Bala de papel

Necesitarás pañuelos de papel, cinta adhesiva y una cinta métrica para este juego. Cada equipo hará una bala con el pañuelo y una pequeña porción de la cinta. Mientras más pequeña sea la cinta adhesiva, más creativos tendrán que ser tus chicos.

Luego cada equipo hará sus lanzamientos. Mide la distancia a la que llegaron los tiros con la cinta métrica y el equipo que haya lanzado más lejos su bala, gana.

Jeff Mattesich

Los despertadores son malos

Divide el grupo en equipos y juega esta dinámica con relevos. Necesitarás un reloj digital con alarma para cada equipo. La primera persona en la línea correrá a través de la habitación y pondrá la alarma del reloj para que se active en un minuto. Una vez puesta la alarma, correrá hasta cierto lugar en el que se encuentran una almohada y una sábana. Entonces deberá acostarse con la cabeza en la almohada, cubrirse con la sábana y roncar muy fuerte tres veces. Cuando la alarma suene, la persona correrá a apagarla antes de correr de vuelta y tocar al siguiente jugador. Si la alarma suena antes de que el jugador se haya acostado, cubierto con la sábana y roncado tres veces, el competidor deberá comenzar de nuevo.

Jeff Mattesich

Chicos grasosos

Necesitarás una mesa, dos sillas y algo de manteca (esa sustancia que se utiliza en muchos hogares en lugar del aceite para cocinar). Este es el juego tradicional de la lucha de manos con un giro distinto. Llena de grasa los brazos y las manos de tus jóvenes. Será un verdadero desastre, pero verás cómo un viejo juego de fuerza se transforma en un juego de habilidad y principalmente suerte. Ten cerca toallas de papel para limpiarse.

Jeff Mattesich

Succiones locas

Necesitas dos aspiradoras, frijoles rojos, monedas, canicas y vendas para los ojos. Cada unas de estas cosas tendrá un puntaje en particular. Mientras más pequeño sea el objeto, menos puntos valdrá. Distribuye por todo el salón de juego estos artículos.

Véndales los ojos a dos jóvenes voluntarios y mientras ellos tratan de aspirar los artículos, pídele al resto del grupo que les den instrucciones acerca de dónde están los objetos. Asígnale puntos a cada artículo y selecciona a algunas personas para llevar el puntaje. El joven que obtenga más puntos gana.

Este es un juego escandaloso, ya que las aspiradoras hacen muchísimo ruido, los diferentes objetos también hacen sonidos fuertes al ser aspirados, y todos los demás jóvenes estarán gritando. Te aseguramos que romperás el hielo con esto.

Jeff Mattesich

Enjuague bucal

Necesitas una botella de enjuague bucal y vasos. Tus chicos deberán tomar un poco y hacer buches en su boca hasta que el ardor los haga escupir. El último en botar el enjuague gana.

Una variación es tener diferentes sabores de enjuagues bucales escondidos bajo una toalla, entonces cada joven escogerá una de las botellas para hacer gárgaras sin conocer el sabor.

Jeff Mattesich

Patinetas lógicas

Antes de la reunión consigue patinetas y cascos y crea una ruta, tal vez en el estacionamiento de la iglesia. Recuerda diseñar una ruta segura y divertida usando los conos de seguridad. Luego graba en vídeo a dos equipos de dos chicos cada uno intentando completar el circuito de la ruta (uno deberá estar acostado sobre la patineta mientras el otro lo empuja).

Antes de reproducir el vídeo en la siguiente reunión, permite que los jóvenes hagan «apuestas» y expliquen quiénes piensan que tendrán el mejor tiempo. Este juego resulta muy impredecible, de modo que aunque los chicos expliquen su lógica, los resultados serán muy distintos y divertidos.

Puedes variar esto usando los triciclos resistentes de algunos niños, patines, corriendo con los ojos vendados, caminando hacia atrás o realizando cualquier cosa que se te ocurra. Sin embargo, antes de presentar el vídeo de cada carrera, haz que tus chicos elijan quiénes piensan que ganarán y por qué.

Jeff Mattesich

Lío en el cabello

Para este juego necesitas decenas de accesorios para el cabello. No importa el tipo, color o tamaño. Consigue todos los que puedas. Solicita cuatro voluntarios y coloca un buen número de accesorios para el cabello frente a cada uno de ellos. Luego dales unos segundos para que pongan en su pelo tantos accesorios como puedan. Cada voluntario tendrá dos jóvenes más para ayudarlos, y el que tenga más accesorios en su cabello gana. No dejes fuera a los varones en este juego.

Jeff Mattesich

Juego la hoja del nombre

Este es un gran juego de presentación para grupos grandes. Ten hojas numeradas para anotar los nombres sobre una mesa conforme los chicos entran. Cada hoja tendrá un número en la parte superior y líneas numeradas individualmente en cada hoja del uno al diez. Diles a tus chicos que firmen en cualquier hoja y línea que elijan. La idea es que estén «inscribiéndose» para una rifa.

Luego, al inicio de la reunión, recolecta las hojas firmadas y aleatoriamente elige a algún líder para que escoja el número de una hoja. Encuentra esa hoja y designa a otro líder para que seleccione un número de las líneas en la hoja escogida. Entonces el joven que firmó en esa hoja y esa línea gana un premio. Los chicos se motivarán al ganar dulces y caramelos. En cada reunión habrá un ganador distinto.

Mike DeVries

Adivina qué es esto

Utiliza una fotocopiadora para crear transparencias de varios objetos. Si tienes posibilidad de hacerlo con una computadora y un proyector, también funciona. La audiencia adivinará qué está dibujado sobre la diapositiva o lo que estés proyectando. Debes pasar imágenes extrañas que no sean tan sencillas de adivinar. Otra opción es que dos o cuatro participantes estén al frente y toquen una campana cuando piensen que saben la respuesta.

Bret Luallen

Ideas de artículos para mostrar en las transparencias o proyecciones.

- Una mosca o insecto aplastado.
- Una garrapata.
- Un pedazo de vidrio.
- La planta de un pie.
- El interior de una casa para perros.
- Una guantera.
- Algún alimento frito.
- Un nudillo.
- Un ombligo con una pelusa.
- Una taza de café sucia.
- Un rostro para adivinar quién es
- Mazorcas de maíz.
- Donas.

¿Has visto a mi cabra?

Haz que todos se sienten en una silla formando un círculo y que una persona permanezca de pie en medio del redondel, la cual le

preguntará a alguien: «¿Has visto a mi cabra?». Si la persona responde: «No, ¿cómo es tu cabra?», la del centro le responderá dando características únicas de su cabra, como: «Mi cabra usa lentes de contacto» o «Mi cabra una vez se quedó dormida en la escuela».

Todos los que encajen en la descripción deberán moverse de sus puestos, mientras que la persona que está en el medio tratará de tomar uno de esos lugares. El que se quede sin silla pasa a hacer las preguntas.

Si al preguntarle a otra persona: «¿Has visto a mi cabra?», su respuesta es sí, entonces todos deben cambiar de lugar.

He aquí hay algunas descripciones interesantes para la cabra:
·   Falló en la prueba de manejo en su primer intento.
·   Ha visitado más de tres países.
·   Nació en un día con un número impar.
·   Le gusta tronar sus nudillos.
·   No le gusta usar pijamas.

Drew Leja

El primer plano extraño

Utiliza una cámara de vídeo para tomar primeros planos extremos de varios artículos (esto en inglés se conoce como «close-up»). Mantén la proyección durante treinta segundos y luego aleja la imagen para revelar lo que es. Haz que tu grupo escriba sus mejores aciertos o juega en equipos. Algunas ideas para primeros planos pueden ser:

·   El interior de la parte de atrás de un inodoro.
·   Mantequilla de maní.
·   Un cuadro en tu habitación.
·   Una bolsa de té.
·   La cara de alguien.

Bret Luallen

Enfermo

Primero, permite que un voluntario sea parte del secreto. Cuando todo el grupo esté reunido, comenta que este voluntario parece enfermo. Explica que recientemente leíste un libro de medicina y conoces qué cosas provocan que las personas se enfermen. Seguidamente, pregúntale al voluntario sobre sus actividades (¿Qué comiste para el desayuno? ¿A cuáles de tus amigos viste hoy en la escuela? ¿Qué miraste en la televisión hoy?). Luego infórmales a los adolescentes sobre cuáles actividades causan enfermedad. (Pregúntales a distintos chicos qué hicieron ellos ese día que pudo contribuir a que se enfermaran).

Ahora, hablen sobre cosas que pueden hacer que las personas se enfermen: estudiar te enferma, las nueces te enferman, las fresas te enferman, escribir te enferma, rascarte te enferma, mandar mensajes de texto a tus amigos te enferma, oír hablar a alguien te enferma, etc. Otras cosas como leer, comer chocolate, hablar por teléfono y saltar no te hacen enfermar. Continúa hasta que alguien descubra por qué algunas cosas hacen que te sientas enfermo.

Las respuesta es que todas las palabras que comiencen con E, N, F, E, R, M u O te hacen enfermar.

Evelyn Clary

Lección de señorío

Revélales a tus jóvenes que tienes un premio gratis para ellos. Si quieren obtenerlo, deberán estar de acuerdo en hacer cualquier cosa que les digas, sin importar lo loca que parezca.

Haz que al menos dos chicos pasen al frente y explícales que si ellos se niegan a hacer cualquiera de las actividades que les digas, perderán el premio, luego de esto dales las siguientes tareas:

1. Corre alrededor de la habitación sin medias y cantando una canción del alfabeto.
2. Has ruidos groseros con tus manos y labios, tan fuerte como puedas, mientras que el líder te dirige a hacer los sonidos más fuertes o más suaves.
3. Escoge a tu animal de granja favorito e imítalo por completo con sonidos y acciones.

Ahora vuélvete más riguroso...

1. Bebe lo más rápido posible una lata de refresco gaseoso y eructa tan fuerte como puedas.
2. Trágate un montón de salsa de tomate usando una pajilla.
3. Cómete una cebolla cruda.
4. Si ellos llegan a este punto, pídele a alguien más que les haga un facial de mantequilla de maní y luego les lance pasas para que se adhieran a su rostro. El ganador será el que tenga más pasas pegadas a su facial de mantequilla de maní.

Asegúrate de que el premio valga la pena el sacrificio

Tony Myles

Atragántate

Escoge a dos equipos de participantes (con tres o seis personas por equipo). Reta a otra persona a comer algo en particular en sesenta segundos. Puedes pedirle que coma cualquier cosa, pero a fin de hacerlo entretenido probablemente quieras escoger algo grosero como las salchichas Vienna o avena fría, algo chicloso como una barra de Snicker o mantequilla de maní, o algo realmente seco como una mezcla de limonada o galletas saladas.

Los participantes deben apostar de antemano si ellos piensan que la persona puede comerse el artículo en el tiempo establecido. Después de cada ronda, anota los puntos ganados por cada equipo y juega de nuevo con otro artículo y haciendo que una persona distinta coma.

VARIACIÓN: Graba a la persona comiendo antes de la reunión.

Jason Djang

Deletreo humano

Este es un juego excelente para que los jóvenes interactúen y trabajen en equipo. Necesitarás un lugar abierto y de buen tamaño. Divide tu grupo en tres o cuatro equipos con igual número de integrantes, luego ubícate sobre una escalera o taburete que esté más alto que tus chicos y dales una palabra para que deletreen sobre el suelo usando sus cuerpos. El primer equipo que deletree la palabra de manera correcta y que puedas leerla ganará la ronda.

Alex Roller

Batallas de los sexos

Puedes utilizar las preguntas del juego de mesa de la *Batalla de los sexos*.

Selecciona a un equipo de chicos y un equipo de chicas. Los miembros de los equipos se enfrentarán en cada ronda. Hazle al chico una pregunta orientada a las chicas (algo que la mayoría de las muchachas sabría responder). Si él la contesta correctamente, los chicos ganan un punto. Si no lo hace, la chica que actúa de contrincante puede responder para ganar el punto. A la chica entonces se le hará una pregunta orientada a los varones, pero si ella no sabe la respuesta, los chicos tendrán la oportunidad de contestar. Cambia constantemente las parejas para que se enfrenten a más preguntas.

Jason Djang

40

Charadas con plastilina

Empieza con la preparación para este juego. Elige un tema y confecciona una lista de quince a veinte artículos relacionados al mismo. Por ejemplo, si elegiste la Navidad como tema, la lista podría incluir árboles, medias bordadas, luces, pesebres, regalos, etc. Deben ser artículos que los chicos puedan hacer con plastilina. Usa una hoja parecida a la que te describimos más abajo para llevar la puntuación. Cada vez que alguno adivine, marca una X.

Divide a tu grupo en equipos y ten preparado un recipiente con plastilina para cada grupo. Pídele a una persona de cada equipo que pase al frente a fin de comenzar el juego y léeles las siguientes reglas:

1. Se te dará una palabra de la lista.
2. Usando la plastilina trata de formar el artículo para que tu equipo lo adivine.
3. No podrás hablar ni formar letras con la plastilina.
4. Cuando alguien de tu equipo adivine el artículo, esa persona de inmediato deberá llegar hasta donde estás y decirte la palabra al oído.
5. Tú anotarás el punto y le darás un nuevo artículo a esa persona para que el equipo lo adivine una vez más.

El primer equipo en acertar todos los elementos de la lista es el ganador. Podría ser que necesitaras más de un líder dependiendo de la cantidad de equipos que tengas.

VARIACIONES: Se puede jugar este mismo juego haciendo adivinanzas entre los equipos o pidiendo que los distintos grupos dibujen los elementos en papel.

Tevis Austin

Tema: Navidad

Artículos	Equipo 1	Equipo 2	Equipo 3
Árbol			
Medias			
Luces			
Pesebre			
Regalo			

Guantes de calcetines

Consigue tantos calcetines como puedas en una tienda de ofertas o pídele a tu grupo quitarse los suyos. Divide de forma equitativa las medias entre dos jugadores. En el momento en que digas: «¡Ya!», los competidores deberán ponerse las medias tan rápido como puedan.

Puedes jugar una segunda ronda en la que ellos deberán ponerse todas las medias en sus manos.

Ken Lane

Parodias rápidas

Divide a tu grupo en equipos más pequeños. Explícales que están a punto de escribir una parodia basándose en la información que vas a darles. Asegúrate de que cada equipo tenga papel y lápiz.

Cada grupo debe tomar una de las parábolas de Jesús y reescribirla de una forma moderna que se adapte al día de hoy. Cada parodia debe incluir un animal salvaje, una estrella de cine actual, un farmacéutico, alguien que represente un objeto inanimado (como una mesa o una taza de café), y alguien que haga el papel de un líder juvenil. Los grupos tienen cinco minutos para escribir y representar su parodia.

Steve Case

Portada de revista

Necesitas una tonelada de revistas viejas. Esparce las revistas sobre el piso y dale a cada persona una hoja blanca de papel, tijeras y goma. Cuando digas: «¡Ahora!», los chicos crearán su propio retrato usando las fotografías de las revistas que ellos consideren que tiene algún tipo de significado para sus vidas. Por ejemplo, una nariz puede ser hecha de una tabla para surfear o una guitarra, un ojo puede ser una bola de alguna clase de deporte. Cada autorretrato debe ser una toma de la cabeza y los hombros. Cuando los chicos terminen, diles que explique qué usaron y por qué. Cuelga estos retratos en un lugar visible de modo que el resto de la congregación pueda llegar a conocer a los adolescentes también.

Steve Case

Coro de flatulencias

Necesitarás un paquete de pajillas para beber. Las más largas funcionan bien y las largas que se doblan son mucho mejor. Pídeles a tus jóvenes que coloquen una de las terminaciones de la pajilla en una axila y el otro lado en su boca. (Si algún chico se pone quisquillo en cuanto a esto dile que la coloque en la parte interior del brazo que queda al doblar el codo). Soplando a través de la pajilla los chicos podrán hacer el sonido verdadero de una flatulencia. Una vez que ellos hayan entendido la idea, colócalos en una línea como simulando un coro de verdad y que sigan tus instrucciones. Mientras más alto levantes tu mano, más fuerte deberán escucharse, y mientras más bajo esté tu mano, más calmados harán el sonido.

VARIACIÓN: Envía a algunos de tus chicos con más talento a una habitación aparte y mira a ver si pueden lograr interpretar una melodía clásica familiar o una ópera.

VARIACIÓN: Si puedes conseguir la vieja caricatura de Bugs Bunny: «¿Qué es la ópera, Doc?», muestra la parte donde Bugs trata de dirigir al cantante de opera a la destrucción total del teatro.

Steve Case

Sofás falso o verdadero

Si tienes una habitación para jóvenes, es probable que esté llena de sofás viejos. Prepara una lista de afirmaciones falsas y verdaderas. Léelas en voz alta y designa un sofá verdadero y otro falso. Diles a tus chicos que se amontonen en el sofá que crean que le corresponde a la afirmación que hiciste.

Todos los jóvenes deberán descansar de algún modo en el sofá con sus pies fuera del piso.

VARIACIÓN: Este juego resulta genial también para dialogar sobre temas controversiales como la pena capital, hacer trampa en la escuela y las citas.

Steve Case

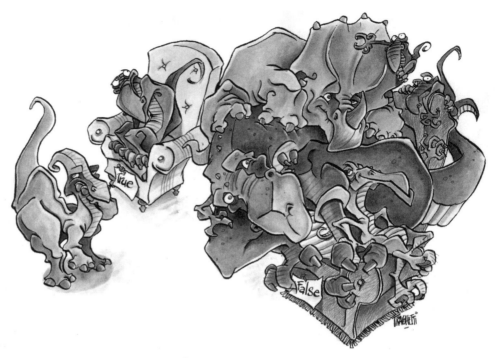

Juegos de vaqueros

He aquí algunos juegos muy buenos para tener una noche al estilo del oeste.

Enlaza al ternero: Ata una cuerda a un hula hula y mira a ver desde cuán lejos un joven puede enlazar a uno de los líderes. Permítele a cada persona tres intentos. Haz que el líder se aleje cada vez más de los jóvenes durante cada ronda.

Lanza cartas: Necesitas un mazo de cincuenta y dos cartas y un sombrero vaquero. Mira cuántas cartas pueden introducir los chicos en el sombrero a una distancia de un metro y medio o dos metros.

Duelo de pistolas de agua: Tal y como suena. Haz que los líderes adultos decidan quiénes iniciarán.

Steve Case

En busca de amor

Dale un vistazo al capítulo del amor (1 de Corintios 13) y prepara un conjunto de papeles en forma de corazón con palabras tomadas de los versos. Presenta una idea por corazón, como por ejemplo *paciente, amable, no es celoso*, etc. Confecciona un conjunto de corazones para cada equipo de chicos. El número de corazones que utilices dependerá de la cantidad de chicos que creas que llegarán. Esconde estos corazones por todo el edificio de la iglesia.

El primer equipo en regresar con el conjunto completo de corazones gana. Luego de esto, dialoguen.

Steve Case

El monstruo de dos cabezas

Encuentra la camiseta más grande que puedas conseguir. Elige a dos voluntarios para que se pongan la camiseta juntos, con las dos cabezas saliendo por el orificio del cuello y un brazo de cada uno a través de las mangas.

Presenta al monstruo de dos cabezas como un monstruo de gran inteligencia, pero explica que debido a la forma en que está diseñado su cuerpo, solamente puede hablar alternando las palabras entre sus dos cabezas. El resto del grupo le hará preguntas al monstruo como: «¿Por qué el cielo es azul?» o «¿Por qué (el líder de jóvenes) entró al ministerio juvenil?». Los voluntarios dentro de la camiseta deben responder las preguntas, pero alternando las palabras. La parte graciosa está en que ninguna de las dos cabezas sabe lo que la otra dirá. Deja que el monstruo conteste tres o cuatro preguntas y luego designa a otros dos voluntarios.

Steve Case

La isla de Gilligan

Esta es una variación de un clásico. Haz que tu grupo se siente en círculo. Asígnale a cada miembro del grupo uno de los siete nombres de los náufragos de la serie televisiva. Repite los nombres en el mismo orden de modo que tengas más o menos la misma cantidad de chicos con el mismo personaje. Coloca una silla menos que la cantidad de personas en el círculo y entonces el hombre extraño deberá colocarse en el centro del redondel. Pídele a un líder adulto que mencione en voz alta uno de los nombres de los personajes. Digamos que grita: «¡Ginger!», entonces todas las Gingers deberán levantarse y encontrar otro lugar para sentarse. La persona en el centro deberá tratar de sentarse en un espacio libre. Después de un rato, llama a dos personajes al mismo tiempo. Si el líder dice: «Pececillo», todos deben levantare y cambiar de lugar.

VARIACIÓN: Este juego también se puede usar con los nombres de los personajes del *Chavo* o los personajes de los *Simpsons*.

Steve Case

Boliche de papel higiénico

Construye una red de puntos al final de un pasillo largo, con marcadores para el número de puntos a una buena distancia uno del otro. Dale a cada chico un rollo de papel higiénico. Los chicos entonces se turnarán para hacer rodar su rollo a lo largo del pasillo. Ellos deben sostener el final del rollo y no soltarlo, de lo contrario los puntos no les serán contados. El lugar donde el rollo deje de rodar indicará el número de puntos que obtendrá el jugador. Juega hasta que los rollos estén vacíos.

Steve Case

Relevos con crema de afeitar

Divide a tu grupo en equipos. Necesitarás un frasco de crema de afeitar, una cubeta y un voluntario para cada equipo. El objetivo del juego es transportar el contenido de la lata de un extremo de la habitación al otro. ¡Te sorprenderás de la cantidad de crema de afeitar que puede estar contenida en uno de esos recipientes!

Pídele al líder del equipo que llene las manos del primer participante en la fila. Tan pronto como las tenga llenas deberá correr hasta el otro extremo, dejar ahí la crema de afeitar y correr de vuelta al inicio de la fila para tocar a la siguiente persona a fin de que el líder le comience a llenar las manos con la crema de afeitar.

Steve Case

Espectáculo de títeres de bolsas de papel

Coloca bolsas de papel y muchos marcadores y crayones en el centro de la mesa. Diles a los chicos que hagan un títere de uno o dos adultos que formen parte de sus vidas. Luego pídeles que tengan una conversación espontánea con ese adulto.

NOTA: Esto usualmente es muy divertido, pero como líder de jóvenes puedes buscar un poco más profundo dentro de estas conversaciones y aprender algo sobre tus chicos, o encontrar un indicio que te permita comenzar excelentes discusiones.

Steve Case

Las imágenes dicen más que mil palabras

Necesitarás tijeras, goma en barra, una tonelada de revistas y Biblias. Divide al grupo en equipos. Asígnale a cada equipo un pasaje de las Escrituras y pídeles que lo representen con imágenes en una gran hoja de papel. La meta es obtener el puntaje más bajo, y mientras menos recortes utilicen, mejor.

Si recortan las palabras *ES* más *MI* más *PASTOR*, obtienen tres puntos. Sin embargo, si utilizan *ES* más *MI PASTOR* solo son dos puntos.

Las imágenes valen cero puntos, así que mientras más imágenes usen resulta mejor.

Steve Case

La bola más genial del mundo

Necesitas TONELADAS y TONELADAS de vasos Dixie (o cualquier otro vaso delgado de papel, siempre y cuando todos sean del mismo tamaño. No obstante, debes asegurarte de que sean de papel). También te harán falta un montón de clips para prensar papeles. Comienza prensando los vasos por la abertura. Debido a los ángulos que se forman al unirlos, con el tiempo asumirán la forma de una superficie curva. Tomará un rato, pero pasado un tiempo tu grupo entero creará una bola genial que podrán usar en una gran variedad de juegos.

Steve Case

Sumando rápido

Necesitarás seis dados blancos y una botella de corrector líquido. Antes del juego, cubre uno de los lados de cada dado con el corrector. Cubre el lado *uno* del primer dado, el lado *dos* del segundo y así sucesivamente.

Coloca a tu grupo alrededor de la mesa y túrnense para lanzar los seis dados. La primera persona que obtenga todas las caras blancas de los dados gana un punto. Establece un tiempo límite para jugar o hazlo hasta que alguien obtenga veinticinco puntos.

Steve Case

Servicio celular

Necesitarás tantos teléfonos celulares con diferentes planes de llamadas como te sea posible, un teléfono «líder» y un cronómetro. Mientras el teléfono «líder» llama a cada teléfono celular de un servicio diferente (AT&T, Sprint, Cingular, T-Movil, etc.), mide el tiempo que le toma a cada teléfono que recibe la llamada timbrar. Este es un juego fácil y divertido para saber quién brinda el servicio más rápido.

Jeff Mattesich

Memoria

Este juego funciona mejor con un grupo pequeño. Si has estado en el negocio del ministerio juvenil durante un tiempo, con seguridad tienes cientos de fotografías de eventos anteriores.

Incluso si no es así, todavía puedes hacer que este juego funcione utilizando una cámara instantánea. Encuentra fotos individuales de cada chico (no fotografías grupales) o corta las fotos grupales y conviértelas en individuales. Necesitarás dos fotografías por cada chico, las cuales no necesariamente tienen que ser similares. Toma quince pares de fotografías juntas y mézclalas. Luego colócalas sobre una mesa cuadrada boca abajo. Entonces comienza a jugar el juego Memoria y trata de hacer corresponder a las personas con las imágenes. (También podrías usar fotocopias de los rostros para no arruinar las fotografías reales).

Este juego es realmente grandioso si juegas con muchachos mayores que han estado en la iglesia por un tiempo, ya que se pueden usar algunas fotografías muy viejas de ellos y hacer un viaje al pasado. Es una buena manera de promover eventos también, porque los chicos siempre se preguntarán: «¿Dónde fue tomada esa foto?».

Si el grupo tiene una gran cantidad de líderes, pídele a cada uno de ellos que traiga una imagen de sí mismos cuando eran más jóvenes o chicos y otra de adulto. Luego solo empaca el juego y guárdalo en el estante para que tus chicos puedan jugar en el momento que lo deseen.

Heath Kumnick

JUEGOS CON COMIDA

BIBLIOTECA DE IDEAS

El concurso de comer bananas con los ojos vendados

Este juego puede considerase una broma pesada, de modo que asegúrate de elegir a alguien que no se avergüence fácilmente. Puedes usarlo como una broma dirigida a un líder juvenil o (si tienes la seguridad de conservar tu puesto) a tu pastor general. Elige a cuatro personas de la audiencia y que se coloquen en el escenario o delante del grupo sentadas en sillas. A la audiencia y los concursantes se les explicará que el objetivo del juego es comer la mayor cantidad de bananas que sea posible en sesenta segundos. Para hacer el juego más difícil, los concursantes tendrán los ojos vendados. Así que venda los ojos de los concursantes y entrégale una banana a cada uno.

Ahora bien, aquí está el truco: A tres de los cuatro concursantes se les informará sobre el juego de antemano, de modo que cuando el líder diga: «¡Preparados, listos, ya!», las tres personas preseleccionadas se quitarán las vendas y se sentarán en la audiencia. Eso deja al cuarto concursante, con los ojos vendados, atiborrándose de bananas. Alienta al público a animar, como si los demás concursantes estuvieran en el escenario. Luego, cuando se acabe el tiempo, retírale la venda de los ojos y permite que la persona se percate de la broma.

John Cosper

La elección de los catadores

Necesitarás un par de vendas, frascos de alimento para bebés y cucharas. Elige a tres o cuatro jóvenes de la audiencia para ser los catadores. Su trabajo es identificar qué tipo de alimento para bebés están saboreando con los ojos vendados. Confecciona grandes carteles que indiquen de qué tipo de alimento para bebés se trata (asegúrate de informarle a la audiencia que no deben gritar las respuestas). Coloca a los voluntarios al frente de pie y con los ojos vendados. Todos ellos comerán la comida para bebés y luego, uno a la vez, revelará el sabor que piensan que es.

El público y las reacciones de los voluntarios no tienen precio. Asegúrate de seleccionar algunos sabores exóticos, porque los duraznos y los guisantes son bastante fáciles de adivinar. Es posible que desees hacer varias rondas y establecer categorías, como por ejemplo frutas, carne misteriosa, verduras o incluso salsa secreta. NOTA: A menos que quieras ver la comida para bebés volver a aparecer, es prudente evitar mezclar cosas como carne y plátano.

Heath Kumnick

Sumergiéndose por los peces

Consigue más o menos una docena de peces de colores vivos en tu tienda de mascotas más cercana. ¡No, solo estoy bromeando! Necesitarás galletas en forma de peces de dos colores distintos y un gran tazón o pecera.

Este juego es similar a sumergirse y morder una manzana, pero los jóvenes tratarán de atrapar peces de colores. El objetivo es obtener la mayor cantidad de peces de un color utilizando solo la boca en un tiempo determinado (un minuto). No pueden hacer uso de las manos en ningún momento para agarrar los peces. También puedes colocar varios tazones y hacer una competencia. El público ayudará, ya que después que el concursante agarre un pez de color con la boca, la audiencia le permitirá saber si es el color correcto. Si algunos jóvenes se muestran aprensivos en cuanto al intercambio de saliva (es decir, la que se deja en el tazón), no los fuerces a participar en el juego o lleva a cabo modificaciones para que cada uno tenga un tazón personal.

Jeff Mattesich

Agita, sacude y baila

Este es un juego cómico que resulta más divertido de ver que de jugar. Divide al grupo en equipos de seis. Se necesita un cajón plástico fuerte para cada equipo, una lata de refresco para cada jugador, y un CD de rock-and-roll de la década de 1950. Cuando el líder diga: «¡Ya!», el primer jugador de cada equipo debe correr hacia el extremo opuesto de la habitación, beber una lata de refresco tan rápido como pueda, subirse a la caja y bailar durante treinta segundos. (Es posible que necesites líderes adultos con cronómetros). Después que los jugadores terminan su baile, correrán de vuelta y tocarán a la siguiente persona en la fila para que continúe el juego. (Este es un gran juego para realizar antes de jugar *Señor o Señora Eructo*)

Brad Sorenson

Risas

Se necesita una gran caja llena de tantos elementos distintos como puedas conseguir. Busca revistas, golosinas, juguetes, libros, vídeos, CDs, cosas de la cocina de la iglesia y otras por el estilo. Haz que tu grupo se siente en un círculo y vuelca la caja en el medio del mismo. Pídeles a los jóvenes de tu grupo que examinen los artículos y te digan qué elemento se parece más a ellos y por qué.

Traci Lehman

¿Me tengo que comer eso?

Acude a tu ferretería local y compra una pieza redonda de madera contrachapada. Divide la rueda en forma de pedazos de pastel con un marcador. Coloca pequeños clavos alrededor del borde exterior para frenar la rueda a medida que gira al igual que en *La Rueda de la Fortuna*. A continuación, instala en cada sección en forma de pastel un pequeño recipiente de forma que el contenido no se derrame cuando la rueda gire. Coloca diferentes tipos de alimentos dentro de cada recipiente. Por ejemplo, pon un trozo de una barra de chocolate en uno y una sardina en otro. Haz que dos personas de la audiencia o equipos separados se ubiquen a cada lado de la rueda. A continuación, haz girar la rueda y entonces los chicos deberán comerse el alimento que se detenga delante de ellos. Los puntos se le otorgan al equipo que consuma con éxito todos los alimentos.

Heath Kumnick

Te apuesto un pedacito de chispa de chocolate

Divide a tu grupo en equipos de dos o tres.
Entrégale a cada grupo una determinada cantidad de galletas de chispas de chocolate. Cuando digas: «¡Ya!», los equipos deben sacar las chispas de chocolate de las galletas y colocarlas en un plato aparte. Al final de los cinco minutos, el equipo con más chispas gana. Se necesita un juez para decidir qué cuenta como una chispa y qué no.

Jeff Mattesich

¿Qué es eso en mi burrito?

Necesitarás tortillas, jamón, queso, mayonesa,
sirope de chocolate y otros productos alimenticios repugnantes y diversos. Cubre todos los artículos (excepto las tortillas) y numéralos. Los jóvenes elegirán tres números (tres alimentos) para colocarlos en sus tortillas. Llena la tortilla con esos elementos, complétala con crema agria y salsa picante y luego sírvela. Para obtener el máximo de puntos los jóvenes deben terminar sus burritos.

Jeff Mattesich

Alfabeto

Divide a tu grupo en equipos. Entrégale a cada
equipo dos o más latas de fideos en forma de letras. Al decir: «¡Ya!», tienen que deletrear tantas palabras como sea posible. Utiliza este plan de puntuación:

100 puntos por cada palabra.
50 puntos de bonificación si la palabra tiene más de cinco letras.
50 puntos de bonificación para el equipo con la palabra más larga.
50 puntos de bonificación por deletrear el nombre del pastor de jóvenes.
50 puntos de bonificación por cada nombre de la Biblia.

Steve Case

Festín de Pop-Tart

Se necesitará una tostadora y algunos adultos
extras para mantener este juego en movimiento. Coloca vendas en los ojos de los jugadores y sírveles una variedad de Pop-Tarts tostados (una especie de

galletas tostadas rellenas de diferentes sabores). Sirve un sabor a la vez y haz que los jugadores escriban (sí, con los ojos vendados) el sabor que piensan que han comido. El jugador con más respuestas correctas recibe una caja entera de Pop-Tarts.

Steve Case

Salsa de tomate a chorros

Necesitarás una gran cantidad de paquetes de salsa de tomate de los que se encuentran en los restaurantes de comida rápida y un trozo de tiza. ¡Y deberás realizar este juego al aire libre! Pídeles a los jóvenes que pasen uno a la vez, coloquen un paquete de salsa de tomate en el suelo, y lo pisen para crear un chorro que llegue lo más lejos posible. Los alumnos usarán la tiza para escribir sus nombres en la acera, en el lugar que alcanzó su chorro de salsa de tomate. Pueden hacer tres rondas y luego realizar una final entre los tres jóvenes que llegaron más lejos.

Steve Case

Sin excusas

Este es un gran juego antes del desayuno. Divide a tu grupo en equipos y entrégale huevos frescos y marcadores al grupo. Pídeles a los jóvenes que escriban en el huevo tantas expresiones relacionadas con la palabra «huevo» como puedan. Establece un límite de tiempo. Si un grupo escribe una frase que otro ya tiene, ambos equipos pierden un punto. Solo los mejores juegos de palabras reciben puntos. Luego haz una tortilla gigante con los huevos para el desayuno y deja que el equipo con la mayor cantidad de puntos vaya de primero en la fila.

Steve Case

Grillos pegados

Elige dos equipos con dos jóvenes en cada uno. Un miembro del equipo recibe una dosis extrema de crema batida en la cara. El otro toma un grillo vivo, lo pone en su boca y lo escupe para que se pegue en la crema batida. El equipo con más grillos pegados antes de que acabe el tiempo gana. (Los grillos de plástico de una tienda de juguetes son sustitutos muy aceptables).

RAE

Twinkie apestoso

Toma seis Twinkies (pasteles rellenos de crema) y desenvuélvelos. Corta cinco de ellos a lo largo y quítales el relleno de crema. Llénalos de nuevo con varios sabores de alimentos para bebés. Usa sabores como manzana o melocotón, pero asegúrate de que por lo menos uno tenga relleno de arvejas o carne de res. Haz que seis voluntarios pasen y tomen un número. Con los ojos vendados, ellos deberán comerse el Twinkie elegido. El que elige el Twinkie bueno gana un premio. NOTA: Este es un buen juego para iniciar un debate sobre arriesgarse o tomar decisiones. Si alguien opta por no morder el Twinkie apestoso, haz que eso sea parte de la discusión también.

Chris Condit

Aliméntame

Toma cuatro palos de un metro y fija una cuchara al final de cada uno. Haz un gran alboroto acerca de saborear un helado especial en frente de tus jóvenes. Solicita voluntarios para comer el helado. Elije a cuatro jóvenes para que pasen al frente llevando a un compañero. El compañero debe estar a un metro de distancia del helado y sostener el final del palo. A continuación, deben tratar de obtener una cucharada de helado y alimentar luego a su compañero. Los chicos que comen no pueden usar sus manos para dirigir la cuchara. Resulta un espectáculo muy divertido ver que los jóvenes tratan de conseguir una cucharada de helado. Puedes hacer esta actividad llevando la cuenta del tiempo o ver qué equipo termina primero.

Jenny Mattesich

Lengua de Tabasco

Necesitas salsa Tabasco y jóvenes que estén dispuestos a sacar la lengua. Coloca Tabasco en la lengua de los jóvenes, una gota a la vez. El último que se mantenga jugando gana.

Usa tu sentido común, ya que una gran variedad de salsas picantes no deben mantenerse sobre la lengua. Elige la salsa picante regular del supermercado y no la que comprarías en la frontera con la escena del fuego del infierno y el azufre en la etiqueta. Además, ten en cuenta que los productos lácteos (leche, yogurt, crema) neutralizan los efectos de fuego de las salsas picantes en la lengua.

Jeff Mattesich

Señor o Señora Eructo

Este es un juego divertido si tienes seguridad en cuanto a tu trabajo. Cada participante recibe una lata de refresco. (A temperatura ambiente es mejor para este juego). Cada chico tiene dos oportunidades para crear el mejor eructo. Cuenta con líderes adultos para que sirvan de jueces. Crea criterios divertidos para elegir los mejores eructos, como el más fuerte, el más largo, el más profundo y el más húmedo. Los jóvenes que traguen aire y fuercen el eructo serán descalificados. Lo creas o no, las mujeres suelen ganar este juego.

Ken Lane

¿Yo los haré pescadores de... gusanos de gomita?

Necesitaras pudín de chocolate, un contenedor suficientemente grande para que entre un pie, y gusanos de gomita. Llena el recipiente con gusanos de gomita, y luego cúbrelos con pudín. Haz que los jóvenes introduzcan sus pies descalzos en el pastel y que recuperen la mayor cantidad posible de gusanos gomosos.

Jeff Mattesich

Limpiadores de ventanas

Consigue una hoja de vidrio o plexiglás. ¡Asegúrate de que esté limpia! Separa algunas galletas Oreo y pega el lado con crema a un costado del vidrio. Haz que dos o tres concursantes traten de lamer o comer su Oreo del vidrio. Deja que el resto del grupo observe desde el otro lado. Los resultados son comiquísimos.

OPCIONES: Juega como si se tratara de una carrera de relevos. Un miembro del equipo corre hacia el vidrio, agarra con la boca una Oreo, se la traga, y luego corre hasta llegar al siguiente chico en la línea, el cual hará lo mismo. La escena para el público es especialmente sensacional, así que asegúrate de tener una cámara preparada.

Coloca una cámara de vídeos de modo que la toma enmarque la lámina de vidrio. Graba en vídeo los resultados y reprodúcelo cuando los participantes sean adultos y trabajen con sus propios jóvenes.

VARIACIÓN: Usa glaseado, queso cheddar líquido o pasta de frijoles en lugar de galletas Oreo

Jeff Breshears, Alex Roller, Melissa Dickinson

Cómete esa galleta

Necesitas a un joven que sea el exagerado anfitrión de un programa de juegos (un hombre), una asistente femenina y un buen premio para este juego. El conductor del programa les da a todos la bienvenida a «Cómete esa galleta». Mientras el anfitrión introduce el juego, la hermosa asistente entra con una bandeja de ingredientes locos (mientras más locos mejor: sardinas, salsa Tabasco, cebollas, etc.). La asistente presenta los condimentos.

El juego es similar a «Nombre esa melodía», salvo que los jugadores están agregando los ingredientes en lugar de eliminar las notas. Solicita dos voluntarios (consigue uno de cada género y lleva a cabo el juego como si fuera una batalla entre los sexos). Coloca una galleta en la mesa y que los jugadores vayan diciendo uno a la vez: «Voy a comer esa galleta con sardinas», por ejemplo. Con cada vuelta los jugadores le agregan otro condimento a la galleta. Cuando un jugador se retira y dice: «¡Cómete esa galleta!», el otro jugador tiene que comerse la galleta con todos los ingredientes. Ten preparado un muy buen premio para el ganador.

Kevin Terry

Desayuno de campeones

Toma una cubeta de cinco galones y llénala con una libra de harina, un litro de sirope, una lata grande de avena y dos cuartos de jugo de naranja (una combinación muy buena para un desayuno). Coloca en la cubeta de quince a veinte objetos pequeños, tales como dados o canicas, y revuélvelos. Dale a cada participante una cuchara de plástico y cuando digas: «¡Ya!», pide que traten de pescar la mayor cantidad de objetos que puedan en dos minutos. ¡Coloca cubiertas de plástico debajo de las cubetas, porque este juego ensucia! Es muy probable que los jóvenes abandonen la cuchara y prefieran a cambio introducir sus manos en la sustancia pegajosa.

Alex Roller

Rescate de Pascuas

¡Oh, no! ¡Los animalitos de Pascua han quedado atrapados en una fosa de lodo y deben ser rescatados! Llena un molde poco profundo de aluminio con salsa de chocolate. Pega animalitos de Pascua (malvaviscos dulces en forma de conejos o polli- tos) en la fosa de lodo con algunos totalmente sumergidos y otros solo en parte. ¡Los jóvenes deben correr para res- catar a los animalitos de un peligro total! Los métodos de rescate pue- den variar. Los jóvenes podrán usar solo la boca, sacarlos con una cucha- ra o tenedor sostenido con los dedos de los pies, utilizar una cuchara o tenedor agarrado con los dientes... ¡o emplear cualquier otro método que se te ocurra!

Alex Roller

Juegos de gomita

Entrégales a los jóvenes un paquete de gusanos de gomita y haz que compitan para deletrear las palabras que les des con sus gusanos. A fin de hacer el juego más interesante, permíteles mover los gusanos de gomita utilizando únicamente su lengua.

Usa gusanos de gomita, osos, peces, cerezas, etc. para jugar un gran juego de Pictionary. Sigue las reglas estándares de no usar palabras, letras o números, y utiliza gomitas en lugar de marcadores. Este juego se puede jugar en el suelo sobre papel de estraza o usar un pizarrón o vidrio, haciendo que los jóvenes peguen sus gomitas a la pizarra.

VARIACIÓN: Usando un blanco de papel hecho en casa o una pizarra para niños, haz que los jóvenes laman y muevan los ositos de gomita hacia el objetivo. Haz que cada círculo concéntrico valga más puntos a medida que avanzan hacia el centro. Forma equipos de jóvenes según su edad y lleva a cabo el juego como una carrera de relevos, donde una persona tiene la oportunidad de pegar una gomita, luego le sigue otro chico, y así sucesivamente.

Alex Roller

Un desatascador lleno de helado

Este juego impacta por completo a los adolescentes y resulta muy divertido. Se necesitan dos desatascadores de inodoro nuevos y los ingredientes para hacer sundaes. Puedes conseguir desatascadores nuevos bastante baratos en una ferretería. Prepara los helados con sirope de chocolate dentro de los desatascadores. Solicita algunas parejas de voluntarios (es más divertido si no saben para qué). Luego, mientras una persona sostiene el desatascador nuevo, la otra persona se come el helado con una cuchara. (NOTA: Puedes jugar de forma que aquellos que comen deban mantener sus manos en la espalda. Graba el juego en vídeo para una mayor diversión). La primera pareja en terminar el helado completo gana. ¿Qué ganan? ¡Lo has adivinado, un desatascador!

Andy Merritt

Nos fuimos de pesca

Haz que todos formen un círculo o elije equipos de relevos al aire libre o sobre un piso que pueda limpiarse con facilidad al final. Pídeles a los jóvenes que cierren los ojos (o haz que tengan los ojos vendados) y pasa un animal de peluche (de preferencia un pez) alrededor del círculo. Todo el mundo debe sostener el peluche. Usa un cronómetro para darle sabor a la competencia. Repite esto varias veces para agregar un efecto dramático. Captura o compra con anticipación peces grandes en la pescadería o el supermercado. Mientras los jóvenes mantienen los ojos aún cerrados, introduce el pez real en el círculo. Las reacciones serán para morirse de risa. Continua jugando hasta que todos hayan participado por lo menos una vez.

David Vaughn

Recuerdos

Consigue muchos tipos de cereales de diferentes formas y sabores. Véndales los ojos a los jóvenes. Mira a ver si pueden adivinar el sabor correcto por medio del gusto solamente.

Tengan después una conversación sobre los cereales favoritos para el desayuno, pregúntales a los chicos qué tipo de sabor de cereal crearían si trabajaran para Kelloggs. Sirve helados con biscochos al final como merienda.

Steve Case

Castillos de galletas

Divide a tu grupo en equipos y entrégale a cada equipo unas cuantas cajas de galletas de diferentes formas. Usando un frasco de queso cheddar como pegamento, diles que deben crear un castillo hecho completamente de galletas. Otórgales premios a los más creativos, más altos o más extraños. Cuando hayan terminado, deja que se coman los castillos de los otros.

Steve Case

Ardillas

Necesitarás varias bolsas grandes de nueces con cáscara. Antes de que el juego empiece, escribe un número en cada nuez (etiquétalas del uno al doscientos, o asígnale a cada una cinco puntos y a unas pocas diez puntos para bonificaciones). Mientras más nueces tengas, mejor. Ocúltalas en todo el edificio de la iglesia. Colócalas en lugares bastante obvios de modo que los jóvenes no tengan que hurgar en los botes de basura o abrir los cajones del pastor.

Divide a tu grupo en equipos y di: «¡Ya!». El equipo que consiga más puntos gana. Un equipo puede tener más nueces, pero si el otro equipo tiene mayor cantidad de puntos, será el ganador.

VARIACIÓN: Ata a los miembros de los equipos entre sí por las muñecas para que se mantengan juntos en todo momento. Si un equipo vuelve con la cuerda rota y empatada, pierde puntos.

Steve Case

Cebolla confitada

Lleva a cabo un concurso para comer manzanas confitadas, con la excepción de que una de las manzanas es una cebolla confitada. No pierdas de vista a la cebolla y asegúrate de que vaya a parar a manos de una persona que no se sienta demasiado avergonzada cuando se descubra el truco.

Brett Durham

Quiero dulces

Reúne en una bolsa todos los tipos de dulces que puedes obtener (mientras más, mejor). Haz que los jóvenes se sienten en círculo y se turnen para elegir un tipo de dulce, empleándolo para describir algo sobre sí mismos. Elogia a los jóvenes que sean muy creativos. Cuando se acaba el juego, comparte los dulces entre todos.

Steve Case

Increíbles desafíos comestibles

Estos divertidos rompehielos involucran alimentos y son variaciones de otros juegos sociales. ¡Considera la posibilidad de utilizarlos en un evento de pentatlón!

- *Concurso de jalapeño.* Pídeles a varios jóvenes que participen en el concurso y luego muestra los chiles jalapeños. Los jóvenes deben colocarlos en su boca, masticarlos tres veces sin tragarlos, y ver quién puede mantener el chile en su boca por más tiempo.
- *Deletreando.* Ten un tazón de cereal de letras para cada chico y haz que los jóvenes compitan para escribir varias palabras usando solo sus lenguas y sus platos de cereal. ¡Escoge palabras relacionadas con el tema de la lección, palabras al azar o el nombre de tu ministerio! NOTA: Asegúrate de que existen las letras para formar las palabras que se les pide a los jóvenes escribir.
- *A pescar.* Entrégale a cada chico un molde para pastel lleno de crema batida con gusanos de gomita enterrados en la crema. Los jóvenes solo pueden utilizar la boca para pescar tantos gusanos de gomita como sea posible en el tiempo asignado (de treinta a sesenta segundos). NOTA: La crema batida fría funciona mejor, pero si utilizas la crema batida convencional, colócala en los moldes inmediatamente antes del juego, ya que se vuelve líquida en poco tiempo.
- *Clasificación de M&Ms:* Dale a cada chico una taza de chocolates M&Ms. Utilizando solo la boca, los jóvenes debe separar los M&Ms café y colocarlos en una taza. Al final de sesenta o noventa segundos, otórgales a los jóvenes dos puntos por cada M&M café en la taza y réstales un punto por cada M&M de color.
- *El desafío de los dulces.* En este juego, equipos de dos personas compiten para ver quién puede pegarle más dulces en la cara a su pareja en sesenta segundos. Forma tantos equipos como desees, usa a los líderes o a todo el grupo.

Alex Roller

Eructos musicales

Haz que tu grupo se siente en un círculo y dale a cada joven (excepto a uno) un vaso de agua. Ese chico recibe un vaso de refresco gaseoso. Pon música y haz que los jóvenes pasen los vasos alrededor del círculo. Cuando la música se detenga, el que está sosteniendo el vaso de refresco debe beberlo lo más rápido posible. Vuelve a llenar el vaso de refresco y sigue jugando.

Steve Case

Prueba del sabor mezclado

Llena pequeñas tazas con refrescos gaseosos de colores similares (Dr. Pepper, Coca-Cola, Coca-Cola Vainilla, Pepsi, etc.) y asígnale cada refresco por su nombre a los diferentes equipos. Dile a todo el grupo que tienen que tratar de encontrar a los miembros de su grupo. Obviamente, la única manera de hacerlo es probando la bebida del otro. Para el final de este juego, el grupo estará lleno de cafeína.

NOTA: Vigila al grupo antes de empezar a fin de comprobar si alguien estornuda. Si alguien parece estar enfermo, evita este juego en beneficio de los demás. No empieces una epidemia de gripe.

Mike Arldt

Crema batida de M&M

Necesitarás una bolsa de M&Ms, ocho frascos grandes de crema batida, cuatro tazones grandes, una lona para proteger el suelo, una mesa y muchas toallas de papel.

Llena los tazones con la crema batida poco antes de empezar. De lo contrario, se volverá líquida. A medida que llenas los tazones con la crema, coloca treinta M&Ms en cada uno. Prepara una mesa y pon debajo la lona a fin de proteger la alfombra o el piso. Solicita a dos hombres y dos mujeres como voluntarios para el juego. Saca los tazones y colócalos sobre la mesa. Diles a los jóvenes que el objetivo del juego es comerse todos los treinta M&Ms que se encuentran en la crema batida sin usar las manos. ¡Tendrán que demostrar que han agarrado un M&M mostrándole al grupo que lo tienen en la lengua antes de comérselo!

George Husk

JUEGOS Y EXÁMENES DE PALABRAS

BIBLIOTECA DE IDEAS

RA GRUPOS JUVENILES

«Y en las noticias locales...»: una encuesta de TV

Necesitarás una lista local de estaciones de televisión, en qué canales se encuentran las estaciones, un sombrero lleno de números de estaciones de televisión y dos campanas. Divide al grupo a la mitad de acuerdo al lugar donde estén sentados. Escoge un número del sombrero. El primer chico que llegue al frente y suene la campana diciendo el nombre de la red de televisión o cable, o las iniciales de la estación, obtiene el punto. El primer equipo que consiga diez puntos gana. (Este juego constituye un grandioso escenario para tener una noche de diálogo acerca de la influencia de los medios). Una variación de este juego consiste en que los chicos digan el nombre de un espectáculo y la hora en que lo dan en la estación.

Jeff Mattesich s

Juegos de espectáculos

Usa los formatos de los juegos de espectáculos y altera las preguntas y respuestas. Utiliza el tema de los juegos de espectáculos durante unos cuantos meses y comienza cada reunión de grupo de jóvenes con un juego diferente. Por ejemplo, *Jeopardy, La rueda de la fortuna, Joker's Wild, $10.000 Pyramid, Street Smarts y ¿Quien quiere ser millonario?* son fácil de adaptar. Si es posible, usa computadoras y presentaciones en vídeos a fin de hacer que los juegos resulten llamativos.

Para *Jeopardy,* por ejemplo, diseña una pizarra grande y pega las preguntas en ella. Luego cúbrelas o dales vuelta cuando alguien escoja esa categoría o valor numérico. Sé creativo en la selección de cada categoría. Usa temas bíblicos, repasos de las lecciones recientes, pregunta trivias al azar sobre el equipo de trabajo o anuncios, las posibilidades son muchas.

La rueda de la fortuna es grandiosa para anunciar próximos eventos. Solo debes hacer que el anuncio coincida con la frase que los chicos tratan de adivinar.

Street Smarts es divertido si en realidad atrapas desprevenidas a las personas cuando les haces las preguntas. Despierta a tus chicos para una entrevista con una cámara de vídeos. Graba a algunas personas que no esperan ser entrevistadas caminando fuera de la iglesia.

Jenny Mattesich

Sopa de Escrituras

Los chicos formarán equipos de dos o tres personas. Entrégale a cada equipo un paquete pequeño de sopa de letras (¡sí, de las que se usan para comer, las de verdad!). Pídeles que lean los versos de las Escrituras que aparecen debajo, piensen en una frase de una o dos palabras que resuma el versículo entero y usen las letras de la sopa a fin de deletrearlo. Para un desafío adicional, haz que el grupo deletree la palabra BIBLIA en medio de ellas. Entonces todas las otras palabras deben comenzar o terminar con una de las letras que aparecen en el término BIBLIA.

Scott Meler

Salmo 23:1-2	Efesios 5:2	Colosenses 4:5
Salmo 23:3-4	Efesios 6:1	Timoteo 6:6-10
Mateo 28:18-20	Filipenses 3:7-9	Timoteo 6:12
Efesios 2:8-9	Filipenses 3:10-11	Juan 1:5
Efesios 2:10	Colosenses 4:21	Juan 1:8-9

Concurso sobre los líderes de jóvenes

Reúne información sobre tus líderes juveniles utilizando los formularios de la página 67. Usa las preguntas para hacer un concurso. Lee los hechos en voz alta y haz que tus chicos adivinen de qué líder estás hablando. (Es también divertido inventar datos sobre asuntos prácticos para ver a cuál líder los chicos asocian con el hecho inventado).

Tom Daniel

Adivina el líder

Necesitas dos fotos de tus líderes juveniles cuando estaban en el colegio y dos campanas. Las fotos pueden ser mostradas por medio de una presentación en computadora y proyectadas. Divide al grupo en dos equipos, muestra la primera imagen y pídeles a los chicos que identifiquen a la persona en la foto. Si los chicos saben la respuesta, deberán correr a sonar la campana que tienen al frente. El primero con la respuesta correcta obtiene un punto. El equipo con más puntos gana.

Una variación de este juego consiste en usar fotos de líderes, pastores o chicos. Cuando las muestres en tu presentación, revela una pequeña sección de la foto que hayas agrandado. Luego, en cada diapositiva que sigue, muestra un poco más de la fotografía. Por ejemplo: Si en la primera diapositiva la pantalla revela solo la imagen de un ojo, muestra el ojo y la nariz en la próxima diapositiva.

(Véase Concurso sobre los líderes de jóvenes en la página 66).

Concurso sobre los líderes de jóvenes

✛ Nombre _____.

✛ Lugar de nacimiento o cuidad de origen _____.

✛ Pasatiempos y talentos (por ejemplo, alguna colección inusual o habilidades especiales) _____
_____.

✛ Premios u honores en el colegio (por ejemplo: deportivos, por las mejores calificaciones, de clubes especiales, etc.) _____.

✛ Momentos divertidos o vergonzosos en la escuela (travesuras en la secundaria, regaños de los padres, etc.)
_____.

✛ Otra información interesante sobre ti _____.

Concurso sobre los líderes de jóvenes

✛ Nombre _____.

✛ Lugar de nacimiento o cuidad de origen _____.

✛ Pasatiempos y talentos (por ejemplo, alguna colección inusual o habilidades especiales) _____
_____.

✛ Premios u honores en el colegio (por ejemplo: deportivos, por las mejores calificaciones, de clubes especiales, etc.) _____.

✛ Momentos divertidos o vergonzosos en la escuela (travesuras en la secundaria, regaños de los padres, etc.)
_____.

✛ Otra información interesante sobre ti _____.

En la tercera diapositiva revela toda la cara, y en la cuarta descubre la cara y el cabello. Para la quinta diapositiva enseña toda la foto. Cuando un chico suene la campana, detén la proyección de las diapositivas.

Jeff Mattesich

Preguntas rápidas

Este juego rápido para conocerse mejor puede realizarse como un grupo o en equipos. Escoge a un líder para cada grupo que será el que tenga las preguntas. Cada equipo formará un círculo. Todos los miembros del grupo deberán contestar las preguntas una por una. El líder hará las preguntas. El grupo debe contestarlas o desarrollar la tarea asignada. El equipo que complete toda la lista primero gana. Si juegas con un grupo, pon en marcha el cronómetro y observa cuán rápidamente pueden avanzar a través de la lista.

Ken Lane

Lista de preguntas:
1. El nombre de todos.
2. El pasatiempo favorito de todos.
3. La ciudad o pueblo en que viven todos.
4. Lo que cada persona quiere ser en la vida.
5. El programa de televisión favorito de todos.
6. El restaurante de comida rápida favorito de todos.
7. La talla de calzado de todos.
8. El año en que cada persona se graduó.
9. El número de personas en el grupo que maneja.
10. El número de personas en el grupo que trae tenis Nike.
11. El número de mujeres en el grupo.
12. El número total de las piezas vestidas por todos los miembros del grupo.
13. Todos los miembros del equipo se dan la mano.
14. Todos se paran solo sobre el pie izquierdo al mismo tiempo.
15. El número de personas a las que les gusta Mickey Mouse.
16. Todos tocan la rodilla de los demás miembros del equipo.
17. Todos firman el papel con su nombre y apellido.

Los mejores amigos

Necesitarás ocho voluntarios (dos equipos de cuatro) y una lista de preguntas ya preparadas. Coloca dos sillas de frente a la audiencia. Instala dos mesas largas detrás de las sillas. Reúnete con una persona de cada grupo unos pocos minutos antes de empezar el juego. Haz una serie de preguntas sobre el grupo de amigos, como por ejemplo: ¿Quien es probable que vea más televisión de ustedes cuatro? ¿Quien de ustedes tiene más posibilidades de obtener buenas notas en matemáticas? Escribe todas las respuestas. Asegúrate de que las dos personas con las que hablaste no tengan contacto con sus otros amigos antes de que el juego comience.

Las dos personas que contestaron primero las preguntas se sentarán en las sillas al frente. Los otros tres de cada equipo se pararán detrás de las mesas y contestarán ahora las preguntas. Formula las preguntas alternando entre los equipos. Si la respuesta del equipo corresponde con la respuesta del representante, el equipo gana cinco puntos. Los dos chicos sentados al frente no pueden mirar hacia atrás o hacer ningún movimiento, sino solo dar su respuesta después que sus amigos hayan contestado. Si las respuestas no se corresponden, el equipo pierde cinco puntos.

Melissa Dickinson

Muestra de preguntas
- ¿Quién de ustedes tiene la habitación más desordenada?
- ¿Quién de ustedes tiene más posibilidades de obtener buenas notas en matemáticas?
- ¿Quién de ustedes encontraría la mejor ganga mientras compra?
- ¿Quién de ustedes tendría el marcador más alto en_____? (un videojuego o deportes)
- ¿Quién de ustedes tiene más posibilidad de terminar en detención?
- ¿Quién de ustedes tiene más posibilidades de evitar que lo manden a la dirección en la secundaria?
- ¿Quién de ustedes sabe que haría el mejor papel en un concurso bíblico?
- ¿Quién de ustedes tiene más posibilidades de llegar a ser famoso?
- ¿Quién de ustedes pasa más tiempo en la Internet?
- ¿Quién de ustedes sobreviviría más en una isla desierta?
- ¿Quién de ustedes sería el primero en tratar de tomarse un galón de leche en una hora?
- ¿Quién de ustedes tiene la ropa más bonita?

Hechos sorprendentes

Entrégale a cada chico una tirita de papel con algún hecho interesante y sorprendente (véanse varios ejemplos en las página 69 y 71). A una señal, los chicos deben tratar de compartir sus hechos con tantas personas como sea posible. Después de determinado tiempo, haz que los chicos se sienten y lleven a cabo un concurso de preguntas sobre esos mismos hechos. Otórgale un premio al que obtenga la mayor cantidad de respuestas correctas.

Len Cuthbert

Ejemplos de hechos interesantes
- Los gatos tienen más de cien sonidos vocales, mientras que los perros solo tienen alrededor de diez.
- *Pinocho* significa en italiano *cabeza de pino.*
- La leche de camello no cuaja.
- Todos los puercoespines flotan en el agua.
- Las ratas se multiplican tan rápidamente que en dieciocho meses dos ratas pueden llegar a tener un millón de hijos.
- Los cocodrilos pueden comer una sola vez al año.
- Los koalas pueden vivir toda su vida sin tomar agua.
- Las Vegas es el punto más luminoso desde el firmamento.
- El graznido de un pato (cuac, cuac) no emite eco y nadie sabe por qué.
- Los mosquitos tienen dientes.
- El encendedor fue inventado antes que los cerillos.
- Los diestros viven en promedio nueve años más que los zurdos.
- American Airlines ahorró cuarenta mil dólares en 1987 eliminando una aceituna de cada ensalada que sirvió en primera clase.
- El porcentaje del territorio de África que es salvaje abarca el veintiocho por ciento. El porcentaje del territorio de Norteamérica que es salvaje alcanza el treinta y ocho por ciento.

- Más del cincuenta por ciento de la gente del mundo nunca ha hecho o recibido una llamada telefónica.
- Cada rey de las cartas representa a un gran rey de la historia. Espadas: El rey David. Tréboles: Alejandro Magno. Corazones: Carlomagno. Diamantes: Julio César.
- Si en una estatua ecuestre (de una persona a caballo) el caballo tiene dos patas en el aire, la persona murió en combate. Si el caballo tiene una de las patas frontales en el aire, la persona murió de heridas recibidas en combate. Si el caballo tiene las cuatro patas en el suelo, la persona murió de causas naturales.
- Según la ley, las carreteras interestatales en los Estados Unidos requieren que una milla de cada cinco sea recta. Estas secciones son útiles como pistas de aterrizaje en casos de emergencia y guerra.
- El nombre Jeep proviene de la abreviatura empleada por el ejército americano a fin de designar al Vehículo para Propósito General (General Purpose Vehicle, o sea G. P., pronunciado en inglés).
- Es imposible estornudar con los ojos abiertos.
- Las ratas y los caballos no pueden vomitar.
- La cucaracha puede vivir nueve días sin su cabeza antes de morir de hambre.
- Los elefantes son los únicos animales de la creación que (afortunadamente) no pueden saltar.
- Una persona común ríe aproximadamente quince veces por día (deberíamos mejorar eso).
- Es posible hacer que una vaca suba escaleras, pero no que las baje.
- La Coca Cola originalmente era verde [¿no es que el traje de Santa Klaus (o Papá Noel) era verde y lo transformaron a rojo por una publicidad de Coca Cola?].
- Miguel de Cervantes Saavedra y William Shakespeare, que son considerados los más grandes exponentes de la literatura hispana e inglesa respectivamente, murieron ambos el 23 de abril de 1616.
- Se tardaron veintidós siglos en calcular la distancia entre la Tierra y el Sol (149.400.000 km.). Lo hubiéramos sabido muchísimo antes si a alguien se le hubiese ocurrido multiplicar por 1.000.000.000 la altura de la pirámide de Keops en Giza, construida treinta siglos antes de Cristo.
- Si el gobierno de los Estados Unidos no tuviera conocimiento de la existencia de extraterrestres, ¿por qué tienen una zona llamada sección 14? Y en su Código de Regulaciones Federales se indica que es ilegal para los ciudadanos estadounidenses tener contacto con extraterrestres y sus naves.
- La palabra «cementerio» proviene del griego *koimetirion* que significa «dormitorio».
- Durante la guerra de secesión, cuando regresaban las tropas a sus cuarteles sin tener ninguna baja, ponían en una gran pizarra «0 Killed» [cero muertos]. De ahí proviene la expresión «O.K.» para decir que todo está bien.
- En los conventos, durante la lectura de las Sagradas Escrituras, al referirse a San José decían siempre Pater Putatibus y para simplificar «P. P.». Así surgió la costumbre de llamar «Pepe» a los José [otra interpretación es que viene del italiano Giuseppe].
- En el Nuevo Testamento, en Mateo 19:24, se afirma: «Le resulta más fácil a un camello pasar por el ojo de una aguja, que a un rico entrar en el reino de Dios». El problema está en que San Jerónimo, el traductor del texto, interpretó la palabra «kamelos» como camello, cuando en realidad en griego «kamelos» es una soga gruesa con la que se amarran los barcos a los mue-

lles. En definitiva, el sentido de la frase es el mismo, sin embargo, ¿cuál parece más coherente?

- Cuando los conquistadores ingleses llegaron a Australia, se asombraron al ver unos extraños animales que daban saltos increíbles. De inmediato llamaron a un nativo (los indígenas australianos eran extremadamente pacíficos) e intentaron preguntarles mediante señas qué era eso. Al notar que el indio siempre decía: «Kan Ghu Ru», adoptaron el vocablo inglés «kangaroo» [canguro]. Los lingüistas determinaron tiempo después el significado, que era muy claro. Los indígenas querían decir: «No le entiendo».
- Thomas Alva Edison le temía a la oscuridad.
- El nombre de la zona de México conocida como Yucatán proviene de la conquista. Cuando un español le preguntó a un indígena cómo le llamaban ellos a ese lugar, el indio le dijo: «Yucatán». Lo que el español no sabía era que le estaba contestando: «No soy de aquí».
- Es imposible chuparse el codo.
- Cada vez que estornudas, tu corazón se detiene por una milésima de segundo.
- No es cierto que la muralla china se puede ver desde el espacio.
- Aun no se ha descubierto por qué estornudamos.
- Una de cada mil personas puede doblar la lengua hacia atrás.
- Las estrellas de mar no tienen cerebro.
- En proporción, una pulga puede saltar a lo largo la misma distancia que si un hombre saltara un campo de fútbol.
- Hay registros de mujeres obesas que han vivido más de cien días si probar un solo bocado y subsistido a base de agua.
- El orgasmo de un cerdo dura treinta minutos (¡vaya!).
- Al estornudar te puedes quebrar una costilla.
- El cocodrilo no puede sacar la lengua.
- Es físicamente imposible que los cerdos se volteen hacia el cielo.
- El edificio del Pentágono tiene el doble de baños de los necesarios. Cuando se construyó, la ley requería un baño para negros y otro para blancos.
- Multiplicando 111111111 x 111111111 se obtiene 12345678987654321.
- Utilizar audífonos por solo una hora incrementa el número de bacteria en tu oído unas setecientas veces.
- El treinta y cinco por ciento de la gente que atiende los anuncios de citas amorosas es gente casada.
- El veintitrés por ciento de las fallas de las fotocopiadoras del mundo entero son causadas por la gente que se sienta sobre ellas a fin de fotocopiarse el trasero.

Yo conozco al hombre araña

Elige una página de un libro cómico popular y borra las palabras que aparecen en el círculo del diálogo. Haz copias y entrégaselas a los chicos con algunos marcadores de punta fina o lápices realmente afilados. Pídeles a los chicos que escriban un diálogo creativo entre el héroe y el villano, los cuales discuten sobre la persona que está escribiendo. Cuelga los diálogos en la pared del salón de los jóvenes.

VARIACIÓN: Usa diferentes páginas para cada uno de los chicos y luego ponlas todas juntas. Asegúrate de que cada chico tenga una copia de «El hombre araña se encuentra con el grupo de jóvenes».

Steve Case

JUEGOS AL AIRE LIBRE

BIBLIOTECA DE IDEAS

Carrera de obstáculos invisibles

Este juego constituye una buena broma. Escoge
a chicos con una elevada autoestima y que no se avergüencen fácilmente.
Establece un camino básico con unos cuantos obstáculos a los que haya que
rodear, saltarles por encima o pasarles por debajo. Conduce a tres o cuatro
voluntarios a través del mismo y asegúrate de que conozcan bien el recorrido.
Luego explícales a los voluntarios que tienen que atravesar el camino con los
ojos tapados, siendo guiados verbalmente por ti (la audiencia también puede
ayudar). Luego de que se les hayan tapado los ojos, remueve en secreto todos
los obstáculos hasta que no quede más que un espacio libre. Los resultados son
muy divertidos mientras los participantes hacen sus maniobras para avanzar
evitando los obstáculos en el espacio vacío.

Jason Andrews.

Luchas en la piscina

Necesitarás una piscina y
neumáticos para este genial
juego acuático de verano.
Haz que los chicos se sienten en el centro de los neumáticos y se muevan alre-
dedor de la piscina usando
sus brazos. La meta es ser el
último sentado en el neumá-
tico mientras todos intentan
tirar a los demás. Si todos
están muy alejados entre
ellos, detén el juego y permite que se acerquen.

Jeff Mattesich

Pegado a ti

Se necesitan dos overoles, mucho Velcro (es mejor
el adhesivo), una pistola de pegamento caliente, dos voluntarios, un montón de
pelotas de ping pong y dos pares de gafas.

Pídele a alguien que cubra los overoles con el lado áspero del Velcro, pegándolo
a la ropa con el pegamento caliente (cubre todo el traje, ya que así resultará más
gracioso). Pídele a alguien más que forre las bolas de ping-pong con piezas de
la parte blanda del Velcro.

Divide al grupo en dos equipos y escoge a un voluntario de cada grupo para que se coloquen los trajes y las gafas protectoras. Distribuye las pelotas de ping-pong entre el resto de los chicos. Estando sentados, deben tratar de cubrir a sus compañeros de equipo con las pelotas de ping pong. El equipo con la mayor cantidad de pelotas adheridas gana. Este juego funciona mejor empleando Velcro blanco y luces de color negro (en una habitación oscura). Para un juego más activo, haz que los dos voluntarios sean dos fugitivos que se ocultaron en la iglesia y envía a todos los chicos a que traten de capturarlos cubriendo a los voluntarios del otro equipo con bolas de ping-pong de colores.

Melissa Dickinson

Gorilas sumo

Vas a necesitar ocho neumáticos de automóviles y dos cascos de bicicleta. Marca el contorno de un ring de lucha libre con cinta adhesiva en el suelo y designa a cuatro personas que serán los postes de las esquinas. Los concursantes se pondrán tres o cuatro (dependiendo de la altura) neumáticos alrededor de su torso manteniendo los brazos en el interior. Luego cada jugador se colocará el casco. La idea es lanzar al otro jugador fuera del ring o hacerlo caer. El que logre dar tres golpes primero es el ganador.

NOTA DE SEGURIDAD: Asegúrate de que los concursantes sean aproximadamente del mismo tamaño y lleva a cabo el juego sobre una superficie blanda. Además, debe haber mucho espacio en la parte exterior del ring debido a las caídas de los concursantes.

GC, Australia

Prueba de vídeo

Visita las casas de algunos de los chicos temprano por la mañana (después de consultar con los padres, por supuesto) y despiértalos, grabándolos en un vídeo. Hazles alguna pregunta o un reto, pídeles que realicen determinada actividad como usar *un* aro de hula hula o comerse una banana.

Esa semana en la reunión del grupo de jóvenes, usa el vídeo para llevar a cabo tu juego. Muestra el segmento en que se le hizo la pregunta o el reto al joven y detén el vídeo antes de que él o ella hayan respondido. Pídele al grupo que adivine si el chico respondió la pregunta correctamente o realizó o no el desafío. Si logran adivinarlo, ganan puntos.

Jenny Mattesich

Toro mecánico

Para este juego se necesita un barril plástico grande o un barril de madera (con el de plástico resulta más fácil, ya que es más liviano), varios metros de cuerda para escalar, una silla de montar, ropa de vaquero y un colchón viejo.

Taladra un agujero en la parte superior y en el fondo del barril y pasa la cuerda a través de ellos. Luego asegura la cuerda a una viga o un perno de seguridad que se encuentre en el techo o en lo alto de una pared en cualquier lado de la habitación. También podría construirse un marco que sostenga las cuerdas y que así no haya nada adherido a las paredes. Coloca la silla de montar sobre el barril y atorníllala al mismo, pasando las correas de la misma por debajo a fin de asegurarla bien. Pon el colchón debajo del barril, cubriendo el lugar donde los chicos se puedan caer. Busca un concursante que quiera participar y sea valiente y ágil. Haz que se ponga un sombrero y botas de vaquero y se suba a la silla de montar. (¡El solo hecho de lograrse

montar constituye la mitad del desafío!). Ubica a dos asesores a cada lado para que muevan las cuerdas. Conforme los concursantes se van cayendo, usa un cronometro para ver quién se sostiene por más tiempo.

Melissa Dickinson

Puedo volar

Busca a alguien en tu iglesia que tenga conocimiento sobre cómo escalar rocas y encuentra un lugar donde puedas colgar a dos chicos del techo con arneses de escalar. Dale a cada concursante un casco y redes de pesca. Pídeles a los chicos que estén en el suelo que lancen bolas hacia arriba para que los chicos que se encuentran suspendidos en el techo puedan cogerlas con sus redes. Una vez que atrapan una pelota, deben sacarla de su red y colocarla en un cubo que estará debajo. El escalador con más bolas recogidas en el cubo al final de cierto período de tiempo gana. Este podría ser un juego de clase contra clase o de chicos contra chicas.

Jenny Mattesich

Zapatos sin manos

Reúne a los chicos en un círculo grande y pídeles que se quiten los zapatos. Haz una pila grande de zapatos en el centro del círculo (asegúrate de mezclarlos bien). Indícales a los chicos que coloquen sus brazos alrededor de los otros (como abrazándose en círculo).

El objetivo del juego es que los chicos se pongan sus zapatos de nuevo sin necesidad de utilizar sus manos. Este es un buen juego de equipo, ya que los miembros del círculo tienen que trabajar juntos para lograr el objetivo común. Forma varios equipos que compitan entre sí o haz que un solo grupo juegue por tiempo.

Mark Maines

Mujer Maravilla

Forma equipos de seis jugadores y designa a uno que será la Mujer Maravilla. Confecciona unas pulseras de cinta adhesiva para la Mujer Maravilla con el lado pegajoso hacia afuera. A continuación, pídeles a los otros cinco compañeros de equipo que se coloquen a una cierta distancia. Ellos harán tiros con sus resorteras, usando una banda de goma entre el dedo pulgar y el dedo índice a fin de lanzar minimalvaviscos. El objetivo es ver qué Mujer Maravilla puede atrapar más malvaviscos en su pulseras. Para agregar más diversión, es posible designar a alguien que haga los efecto de sonido de cada golpe: «¡Pum!» o «¡Bang!».

Jenny Mattesich

Escalando la montaña

Se necesita una red de carga de gran tamaño (¡luego le encontrarás otros usos a la red de carga, te lo garantizo!), una cuerda, pernos o anillos en las paredes o el techo, un montón de ropa de invierno de cualquier tienda de segunda mano, y una bocina de aire o un premio que se pueda atar a la red.

Fija la red de carga al techo o la pared de modo que cuelgue hasta el suelo. Verifica que esté bien asegurada a las vigas para que no se caiga. Pon la ropa de invierno apilada en dos montones al frente de la red. Coloca en la parte superior de la misma el premio o la bocina.

Elije dos contendientes. (Este juego se puede jugar de muchas maneras, haciendo que las distintas clases o géneros compitan entre sí). Para empezar, los dos jugadores contienden para ponerse toda la ropa (por ejemplo, chalecos de nieve, guantes, pasamontañas, gorras, bufandas, etc.). Cuando se hayan puesto toda la ropa, correrán hacia la red y la escalarán para alcanzar el premio. El que llegue primero gana la competencia.

Melissa Dickinson

Sí o no

Se necesita una cámara de vídeo, capacidades de edición de vídeos, un voluntario dispuesto y un lugar público para entrevistar a los desconocidos.

Lleva la cámara de vídeo a un lugar público (una universidad local o colegio resulta mejor). Ten preparada una lista de tareas que vas a pedirle a la gente que haga, tales como arrastrase por el suelo a través de una fuente, comerse un pez de colores o saludar a un desconocido. Elige a las personas al azar para realizar una tarea y deja que ellos decidan si la harán o no. Luego obsérvalos tratando de llevarla a cabo (mientras se graba todo el proceso). Edita la cinta para que pueda ser pausada después de pedirle a la persona que haga la tarea o luego de que haya tomado la decisión. Muéstrales el primer segmento del vídeo a los chicos. Pídele a un joven que adivine si la persona en la cinta será capaz de completar la tarea. (¿La persona del vídeo parece tener las agallas para hacerlo o no?). A continuación, muestra el segundo segmento del vídeo para comprobar si el chico estaba en lo cierto. Dale un premio si acertó. También puedes solicitar que dos voluntarios hagan apuestas por puntos en cada segmento del vídeo y reproducirlo como un programa de juegos.

Melissa Dickinson

Preguntas, preguntas, preguntas...

Dale un vistazo a cualquier juego de preguntas que tengas a mano (trivias bíblicas, tarjetas de preguntas generales, libros de preguntas ridículas, etc.). Llama a cuatro voluntarios para que pasen al escenario y empieza a hacerles todo tipo de preguntas. Si en diez segundos no saben la respuesta, deberán realizar algún reto físico, mental o cultural. El juez o los jueces podrán elegir cuál tipo de desafío quieren que haga.

Algunos ejemplos de retos físicos son:
- Lanzar una bolita a través de una pajilla usando una sola ventana de la nariz.
- Comerse un pimiento picante.
- Hacer quince flexiones de brazos.

Los retos mentales pueden ser cosas como:
- Recitar el juramento a la bandera.
- Repetir la tabla de multiplicar del número ocho.
- Nombrar las capitales de algunos países.

Los desafíos culturales pueden incluir:
- Nombrar tres obras de teatro de Shakespeare.
- Hacer una danza interpretativa de la canción de Barney.
- Improvisar un poema de amor inventado para el hombre sentado en la primera fila.

Mientras que un competidor logre contestar una pregunta o completar un reto, se mantiene en el juego. Si falla una pregunta o un reto, queda fuera. El juego se vuelve más interesante si cada participante representa a toda su clase y todos reciben un premio si el representante gana.

Chris Carter

La carrera más lenta del mundo

Divide a tu grupo en dos equipos. Dale a cada equipo un globo y una gorra de béisbol. La primera persona en cada línea tiene que caminar hasta un lugar específico mientras balancea el globo en la gorra de béisbol, luego debe dar la vuelta y entregárselo a la persona siguiente en la línea. Si cualquier otra parte de su cuerpo toca el balón, debe empezar de nuevo. NOTA: No hagas que el espacio que tienen que caminar sea muy grande. Alrededor de diez metros es suficiente.

Steve Case

La torre más alta

Una vez que tu grupo juegue este sencillo juego, tus chicos lo van a pedir una y otra vez. Se necesitan una gran cantidad de latas vacías de refrescos y bolsas grandes de malvaviscos. No utilices los malvaviscos pequeños, sino los regulares. Divide a tu grupo en equipos de igual número y dale a cada uno un montón de latas de refresco y unas cuantas bolsas de malvaviscos. Cuando digas: «¡Ya!», cada equipo tratará de construir la torre más alta de latas. Al mismo tiempo, los equipos pueden lanzar malvaviscos a las torres de los demás para tratar de derrumbarlas.

Establece un límite de tiempo. El equipo con la torre más alta al final del tiempo gana. Los equipos pueden asignarles ciertas tareas a sus integrantes, tales como apilador, bloqueador y lanzador.

Steve Case

Atados y riéndose

Divide a tu grupo en parejas. Amarra a las parejas con un cordel, muñeca derecha con muñeca derecha y muñeca izquierda con muñeca izquierda. Haz lo mismo con los tobillos y los codos. Deja suficiente espacio para que puedan moverse. Establece un camino de obstáculos y observa la diversión.

Steve Case

Agua musical

Realiza este juego al aire libre o en una habitación que se pueda secar con facilidad. Haz que tu grupo se siente en un círculo y entrégale a cada chico un vaso de papel lleno de agua. Antes de llenar las vasijas, marca una con una X. Cuando la música comience, el grupo empezará a pasarse los vasos alrededor del círculo el uno al otro. Cuando la música se detenga, la persona que tiene el vaso X queda fuera del juego.

He aquí el truco: La persona que sostiene la vasija marcada con la X sale del juego, pero el vaso X permanece en el círculo. Se mantendrá el mismo número de vasos de agua independientemente de la cantidad de adolescentes que queden en el juego. Ten a la mano jarras de agua o una manguera para llenar los vasos que se hayan derramado.

Steve Case

Parámetros

Diles a tus chicos que deben caminar alrededor de las afueras de todo el edificio. El problema es que deben mantener una mano en contacto con la construcción en todo momento, incluso si tienen que trepar el seto o subir las escaleras. Se pueden establecer obstáculos adicionales antes de empezar. Este juego también se puede realizar en el interior de un edificio.

Steve Case

Competencia de cooperación

Para este juego, los equipos constan de dos personas. Puedes hacer que solo unos pocos chicos participen o incluir a todo el grupo. Forma la cantidad de equipos de dos personas que desees. Necesitarás la siguiente bolsa de suministros para cada equipo:

1. Un zapato sin cordones. Coloca los cordones en la bolsa.
2. Un periódico y una banda de goma.
3. Un recipiente pequeño de plastilina.
4. Tres galletas Oreo.
5. Una aguja e hilo.
6. Una hoja de papel tamaño carta.

Pídeles a los equipos que se sienten en el suelo, uno junto al otro. Para la competencia, los miembros de los equipos usarán la mano que no está al lado de su pareja. Un miembro del equipo utilizará su mano derecha y el otro su mano izquierda. Cuando digas: «¡Ya!», cada equipo sacará el contenido de su bolsa y completará la lista de tareas:

1. Pónganle los cordones al zapato y amárrenlo.
2. Enrollen el periódico y coloquen la banda de goma alrededor de él.
3. Hagan una cruz con el recipiente de plastilina.
4. Separen las galletas Oreo y laman el relleno de la galleta.
5. Enhebren la aguja.
6. Hagan un avión de papel, pero no lo tiren.

7. Pónganse de pie al terminar todas las tareas.

Asegúrate de darle un premio al equipo que termine primero. Para una recompensa adicional, mira a ver cuál avión de papel vuela mejor.

Alex Roller

Mujeres amazonas

Pídeles a todos los varones que se sienten o permanezcan de pie en un grupo, con sus brazos unidos entre sí. Pídeles a las mujeres que los rodeen con un círculo grande. Las chicas deben tratar de sacar a los muchachos del grupo de (casi) todas las maneras posibles. Establece un tiempo límite. Las chicas consiguen puntos por cada chico que saquen del grupo.

Búsqueda del tesoro al bolsillo

Organiza a los chicos en grupos de ocho o diez y mándalos a una búsqueda del tesoro. En esta versión, los chicos van a buscar los artículos que tu pidas, pero solo en sus bolsillos, carteras y monederos. El primer equipo cuyo corredor lleve un elemento o artículo al frente del salón gana los puntos de esa ronda.

¡Recuerda que los puntos son gratis, por lo tanto, repártelos bien y libremente!

Alex Roller

He aquí algunas sugerencias para posibles artículos:
* La moneda más antigua.
* Un boleto de cine.
* Cinco tipos diferentes de zapatos atados entre sí y colocados en los pies (de las cinco personas que deben llegar).
* Dos anillos atados en un cordón de zapatos que no esté colocado en el zapato.
* Una tarjeta de crédito.
* La mayor cantidad de monedas posible.
* Cuatro cinturones unidos entre sí.
* Identificaciones de chicos de tres escuelas diferentes.
* Un calcetín puesto por fuera de un zapato.
* Alguien que pueda nombrar a todos los siete enanitos.

Rollos hasta arriba

Necesitarás unos cuantos rollos de papel higiénico para este juego. Puedes realizarlo con tan solo cuatro o hasta veinte chicos, dependiendo de la cantidad de papel higiénico que tengas. Divide al grupo en equipos. Cuando digas: «¡Ya!», cada equipo construirá una pila de rollos de papel higiénico tan alta como pueda. Provee sillas o deja que los chicos se suban en los hombros de otro a fin de llegar a los puntos más altos. Para más diversión, establece un límite de tiempo de alrededor de sesenta segundos.

Ken Lane

Cántame una canción

Consigue cuatro equipos que compitan unos contra otros con no más de cinco personas en cada uno. El anfitrión escoge tres palabras al azar para este juego. Los grupos tienen diez segundos para inventar una canción que contenga la primera palabra. Si el equipo no empieza a cantar a los diez segundos, es eliminado. Si al equipo se le ocurre una canción, el anfitrión pasa al siguiente equipo. Luego, el siguiente grupo debe encontrar una canción que contenga esa palabra. La palabra no cambia hasta que se elimina a un equipo. Una vez que un equipo es eliminado, el anfitrión selecciona al azar al siguiente equipo para empezar con una nueva palabra.

Melissa Dickinson

Colgadero 18

Este juego es tan divertido de ver como de jugar. Necesitas unos ganchos de ropa duros, fuertes y plásticos. (No utilices los ganchos de metal, ya que algún chico puede lastimarse los ojos). Asegúrate de que las perchas sean suaves para que las cabezas de los chicos no se raspen. Solicita dos voluntarios. Coloca los soportes de los ganchos de forma que se ajusten perfectamente sobre las cabezas de los chicos con el gancho asomando por fuera de la cabeza en dirección al oponente.

El objetivo del juego es que los chicos jalen el gancho de la cabeza de otra persona usando solo el gancho de su propia cabeza. A los jugadores no se les permite tener contacto entre sí durante el juego. Ten cuidado con la frecuencia con la que realizas esta actividad. Tu iglesia puede empezar a notar una epidemia de ganchos deformados y rotos.

Brad Sorenson

El relevo pegajoso

Divide a los jóvenes en equipos de relevos de cualquier tamaño. Haz que cada equipo seleccione a un chico que use una cinta adhesiva especial (puedes conseguirla en cualquier librería). La cabeza de este chico estará envuelta en la cinta adhesiva con el lado pegajoso hacia afuera. Deja aberturas a fin de respirar y ver. Coloca un recipiente plano con el maíz para hacer palomitas sin reventar en el otro extremo de la habitación. Dale a cada equipo una vasija vacía.

A continuación, envía al chico envuelto con la cinta al otro extremo de la habitación y mira a ver la cantidad de granos que logra pegarse en la cabeza sin usar las manos. Debe frotar su cabeza en el plato y luego volver hasta donde está el equipo para que puedan quitarle los granos adheridos a la cinta y colocarlos en la vasija vacía. El objetivo es ser el equipo más eficiente en limpiar la cinta de su amigo. Repite el proceso tantas veces como sea posible en el tiempo especificado. El equipo con la mayor cantidad de granos al final gana. Es más fácil pesar cada recipiente para determinar un ganador.

Mike Arzie

ACTIVIDADES DE PARTICIPACIÓN GRUPAL

BIBLIOTECA DE IDEAS

¿Qué saben los chicos? ¿Qué saben las chicas? (¿Qué saben los adultos?)

Necesitarás una cámara de vídeo, habilidades para editar vídeos, un voluntario dispuesto y un lugar público a fin de entrevistar a personas extrañas.

Llévate la cámara a un lugar público (un colegio usualmente es el mejor lugar) y ten preparada una lista de preguntas para hacerles de forma aleatoria a chicos y hombres acerca de la vida de las mujeres, sus historias y problemas. (He aquí algunos ejemplos: «¿Cómo le llamas a un manicure para tus pies?» o «¿Cuál es el nombre de la mujer en el póster *Podemos Hacerlo*?»). Formúlales la pregunta a tres hombres. Cuando edites el vídeo, muestra al presentador haciendo la pregunta y luego haz que aparezcan en la pantalla los rostros de cada uno de los entrevistados con

sus nombres debajo de la imagen. Detén el vídeo en este punto cada vez que lo presentes. Prepara de seis a ocho escenarios para un buen juego.

Camina alrededor de la habitación a fin de conseguir voluntarios. Muéstrales la primera parte del vídeo con la pregunta y luego los tres rostros. Cada voluntario escogerá cuál persona contestó correctamente, si ninguna lo hizo o si todas lo hicieron. Otorga un premio por cada respuesta correcta.

Melissa Dickinson

Como lo hacen los payasos

Necesitarás cinta, un hula hula y un basurero plástico. Diseña formas con la cinta en el piso y mira a ver cuántos chicos caben en cada espacio. Es preciso que estén todos dentro de la cinta. Si cualquier parte de ellos está tocando la cinta, quedan descalificados. Deberán ser creativos y cargar a algunos en sus espaldas, etc.

Repite la misma idea y haz que se atiborren dentro de un hula hula, un basurero, debajo de una mesa o en cualquier otra cosa o lugar que se te ocurra. Puedes tener múltiples estaciones en una misma habitación con varios equipos corriendo en medio de ellas (dale un nombre a cada estación y luego crea una lista). De esa forma ellos no solo estarán haciendo acrobacias locas, sino que también las harán lo más rápido posible para que su equipo gane.

Jeff Mattesich

Busca el mordisco

Antes de empezar la reunión, toma unas quince fotos de cosas de la iglesia. Hazlo de tal forma que no se puedan identificar instantáneamente. Por ejemplo, toma una foto bien cerca de la parte superior del púlpito, una bisagra de las puertas principales o un basurero de la oficina. Las opciones no tienen límites.

Dale a cada equipo una copia de cada una de las fotos y concédeles quince minutos para encontrar tantos de los lugares que muestran como sea posible. Lleva la cuenta de los puntos más encontrados y premia al equipo ganador tomando una foto de ellos y poniéndola en el mural de la iglesia.

Jenny Mattesich

Pintura de dedos reverente

Divide al grupo en equipos. Construye grandes pliegos de papel con hojas más pequeñas. Los pliegos deberán medir unos ciento cincuenta por sesenta centímetros. Entrégale uno a cada equipo y diles que tienen diez minutos para pintar con los dedos al pastor principal.

VARIACIÓN: Pídele al pastor principal que se involucre en esto colocándose contra los pliegos de papel a fin de dibujar su silueta antes del juego. También solicítale a la esposa del pastor que sea la jueza de la competencia.

Steve Case

Llueve en tu pic-nic

Dale un mantel a cada equipo de varios chicos. Llévalos afuera y pídeles que se reúnan alrededor del mantel, sosteniéndolo por cada lado. Haz que algunos miembros de tu equipo lancen bombas de agua mientras los chicos tratan de atraparlas con los manteles. Otórgale a cada equipo cien puntos por cada bomba de agua intacta al final del juego.

VARIACIÓN. Este juego resulta mucho más divertido si tienes a algunos adultos en el techo del templo tirando las bombas de agua. No obstante, asegúrate de que los adultos quieran jugar el juego y no solo atrapar a los chicos con los balones.

Jenny Mattesich

¿Quién falta?

Este juego resulta grandioso si tienes muchos chicos que no saben los nombres del resto del grupo. Necesitarás una caja grande (una caja de un electrodoméstico funciona bien), una sábana y dos voluntarios para que sostengan la sábana mientras los miembros de cada equipo se esconden en la caja.

Para empezar, divide a los chicos en equipos de diez cada uno. Escoge a un equipo para que inicie el juego en primer lugar. Mantén la sábana en el piso para que los Equipos 2, 3 y 4 puedan ver quién está en el Equipo 1 y memorizar sus nombres. Después de un minuto, los dos chicos que sostendrán la sábana la levantan mientras los miembros del Equipo 1 (pocos o tantos como puedan caber) se introducen en la caja. No todos los miembros del equipo tienen que entrar en la caja. Algunos pueden permanecer afuera.

Luego escoge a uno de los otros equipos para que mencione los nombres de los miembros del Equipo 1 que están escondidos en la caja.

Entonces los que sostienen la sábana la dejan caer al piso y el equipo que adivina tiene treinta segundos para identificar quién falta. Cuando el equipo identifica correctamente quién está escondido en la caja, se turnan con el Equipo 1. Por supuesto, el equipo con el mayor número de «nombres recordados» gana. Los chicos se aprenderán los nombres de cada uno y se divertirán metiéndose todos juntos en la caja.

Tim Bilezikian

La subasta

Divide a todos en grupos de ocho a diez personas. Luego selecciona un tema que algunos, pero no todos, compartan, como por ejemplo el mes del cumpleaños, el color de la ropa, el color de los ojos, la marca de zapatos o el número de letras en el primer nombre. Cuando digas: «¡La subasta se abre!», los grupos empezarán a negociar a sus miembros. Ellos pueden negociar cualquier número de miembros a la vez con cualquier otro grupo, pero los miembros intercambiados deben tener el tema seleccionado en común. Por ejemplo, si el tema es el mes de cumpleaños, un equipo puede negociar dos *febreros* al mismo tiempo, pero no un *febrero* y un *marzo*. Los equipos negocian mencionando el número de miembros que quieren negociar y encontrando otros equipos que indiquen el mismo número. Este juego funciona bien si los grupos están ubicados en círculo, pero puede ser aún mejor si los grupos se mueven alrededor de manera libre.

Una vez que los grupos tienen ocho miembros con el mismo tema, ellos gritan: «Esquina con_____ (el tema que comparten)». Cada equipo que gane obtiene diez puntos. Para continuar el juego, asigna un tema nuevo y abre la subasta de nuevo.

David Rydman

Escuadrón bomba

Consigue un cronómetro y échalo a andar en forma regresiva durante un tiempo tan largo como quieras (diez a quince minutos es suficiente). Esconde el reloj en alguna parte del edificio. La persona que encuentre la «bomba» *antes* que se apague, gana. (La persona que gana esconde la bomba a fin de jugar la próxima vez). Para grupos grandes, juega al aire libre y establece un tiempo más prolongado.

Stephanie Pearce

Elefantes en la oscuridad

Este es uno de esos juegos bien alegres. Necesitarás una luz estroboscópica y una habitación que pueda permanecer totalmente a oscuras. Escoge cinco o seis animales diferentes que puedan representarse con facilidad (las jirafas no son una buena opción). Escribe los nombres de los animales en tarjetas, nombrando solo a un animal en cada una, hasta que tengas más o menos de seis a diez tarjetas por cada animal, dependiendo del tamaño del grupo. Luego repárteselas a los chicos.

Designa a un adulto voluntario que sea un actor exagerado a fin de demostrar las varias maneras en las que cada animal puede ser representado. Permite que los chicos caminen por toda la habitación y se unan con otros animales de su manada. Nadie debe hablar, solo hacer los sonidos de los animales. Dales de tres a cinco minutos. Justo antes de que empiecen, apaga las luces regulares y enciende la luz estroboscópica.

Joel Lusz

Hazlo brillar

Este juego requiere muy poca preparación, pero el resultado vale la pena. Pinta algunos hula hulas o balones de playa con una pintura que brille en la oscuridad (o utiliza hula hulas y balones blancos y coloca algunas lámparas ultravioletas). Cuelga los hula hulas del cielo raso y permite que los chicos traten de lanzar los balones a través de los aros en la oscuridad.

Puedes designar algunos hula hulas para determinados equipos o permitir que todos lancen libremente. Es difícil llevar los marcadores debido a que toda la habitación se encuentra a oscuras, pero resulta muy divertido.

Jenny Mattesich

Colores reales

Mantén una guerra de colores durante un mes entre los chicos. Asígnale a cada grupo un color. Luego, otórgales puntos por cada artículo de ese color que los grupos traigan a las reuniones cada semana, incluyendo la ropa y otros objetos. Lleva la cuenta y crea juegos con temas de colores.

VARIACIÓN: Dale a cada equipo veinte hojas de su color a fin de crear aviones de papel. Que todos los tiren a la vez y el color que llegue más lejos, gana. Puedes preparar bebidas del color de cada equipo y hacer un concurso para ver quién se toma las suyas primero. Entrégale a cada equipo cien palitos de dientes y plastilina de su propio color. El equipo que construya la escultura más alta, gana.

Jenny Mattesich

Hay algo en el cielo raso

Todo lo que necesitarás es un montón de chicos, algo de cinta adhesiva y una pared de por lo menos seis metros de altura. Usa este juego como un rompehielos o un ejercicio para estimular el trabajo en equipo. Divide al grupo en equipos de cinco a diez jugadores y dale a cada uno un poco de cinta. El objetivo es pegar la cinta en la pared lo más alto posible mientras trabajan juntos como un colectivo. Suena un poco tonto, pero les encantará.

Lleven a cabo el juego en un lugar seguro y establece las reglas con anticipación: No se puede subir a nadie a los hombros y no se puede saltar en la pared para llegar más alto. Sin embargo, pueden usar cualquier cosa que lleven consigo. Hemos tenido cintas pegadas hasta nueve metros en la pared porque un equipo analizó el problema y trabajaron juntos.

Heath Kumnick

Ídolo americano

Todos deben jugar este juego. En realidad, podrías empezar con los líderes de jóvenes. Escoge a un par de chicos a los que no les importe hacer el ridículo, ya que esto provocará muchas risas. Haz que cada chico escogido escuche una canción a través de unos audífonos mientras mantiene la letra en sus manos. Ellos cantarán la letra, pero la audiencia no podrá escuchar la música, sino solo el canto ensordecedor. Permite que el resto del grupo vote por el que lo hizo mejor. A fin

de tener una diversión adicional, graba a los cantantes y luego ponlos a todos de una vez.

JD

Perdí mis balones

Necesitarás sillas para cada uno y muchos balones que brillen en la oscuridad. (Los puedes encontrar en el sitio electrónico: www. ustoy.com).

Sienta a los chicos en hileras (si tu grupo es grande) o en dos filas largas (si tu grupo es de menos de cincuenta chicos). Divide el total de los balones en dos y colócalos en una caja frente a cada fila. Apaga todas las luces para que los balones brillen y establece un tiempo de tres minutos. Acomoda los balones delante del primer chico de cada fila. Su trabajo será pasarlos todos hasta el final de su línea empujándolos debajo de las sillas. Una vez que los balones lleguen al final de la hilera, deberán devolverlos hasta que todos lleguen al principio de la fila de nuevo. La fila con el mayor número de balones de regreso en la caja cuando el tiempo termine gana.

Melissa Dickinson

Descarga de cohete

Necesitarás cohetes de espuma (www.recfx.com es un buen recurso para que tengas una idea de qué se trata), una red de pescar, cuatro metros de tubo PVC, cinta adhesiva y dos pares de gafas (o máscaras de las que usan los receptores de béisbol).

Divide el tubo en dos partes de dos metros (o menos dependiendo del alto del salón). Fija la red de pescar con cinta al final de cada tubo y colócales las máscaras o gafas a dos voluntarios, un chico y una chica.

Cuando los dos voluntarios estén completamente protegidos, dales el tubo con la red de pescar. Distribuye los cohetes entre la audiencia. Las chicas tirarán a la red de la chica voluntaria y los varones a la red del chico. El equipo que atrape más cohetes en su red gana. También puedes jugar este juego poniendo a competir a una clase contra otra.

Melissa Dickinson

Del libro de las burbujas

Provéele líquido y pajillas para hacer burbujas a cada persona del grupo. O utiliza una de las recetas más grandes del mundo para hacer líquido de burbujas, que se encuentra en www.bubbles.org/html/solutions/formulae.htm, y provee una variedad de cosas con las cuales soplar las burbujas.

Permite que los chicos encuentren sus pasajes favoritos de la Biblia y substituyan ciertas palabras por la palabra *burbuja* (1 Corintios 13 resulta increíble). Cada vez que el lector diga la palabra *burbuja*, todos soplan tantas pompas como puedan en cinco segundos. Cuando todos terminen, hagan un estudio bíblico del pasaje que elijas.

Steve Case

Voleibol intermitente

Este es un juego excelente para jugar bajo techo con grupos grandes en un salón amplio, en especial durante el invierno. Divide al grupo en dos equipos. Coloca una red de voleibol o sábanas de dormir, de modo que la parte superior quede a un metro y medio sobre el piso aproximadamente. Diles a los jugadores que se sienten en su lado de la red con los pies cruzados. Desde esta posición, lleven a cabo un partido de voleibol regular con los siguientes cambios:

1. Usen una pelota de playa.
2. Empleen solo las manos y la cabeza (no los pies).
3. Hagan los servicios desde el centro del grupo.
4. Puesto que cada jugador tiene movilidad limitada, usa más participantes (de veinte a veinticinco por equipo).
5. Utiliza luz intermitente.
6. Aplica todas las reglas del voleibol.

Adrienne Cali

Un globo, dos globos; globos rojos, globos azules

Necesitarás cinta adhesiva y al menos dos globos por jugador. El objetivo de este juego es tener el menor número de globos de tu lado cuando el tiempo asignado termine (de quince a cuarenta minutos). Debes marcar una línea con la cinta en el centro del salón a fin de dividirlo a la mitad. Luego divide al grupo en dos equipos. Coloca el mismo número de globos a cada lado de la línea y explícales a los grupos que tienen tres minutos para pasar todos los balones al otro lado del salón mientras que el otro quipo trata de hacer lo mismo. Indícales a los chicos que deben golpear los globos continuamente (de otra manera pueden ver una manera de obtener ventaja sin romper las reglas e intentar sostener tantos globos como puedan hasta el momento final).

Después que los chicos jueguen una o dos veces, deberán estar familiarizados con la forma en que funciona el juego. En este punto, estarán listos para una o dos variaciones.

VARIACIONES
1. Asígnale un valor diferente a cada globo. Por ejemplo, Amarillo = 1, Naranja = 2, Verde = 3, Rojo = 4, Azul = 5. Para hacer el juego todavía más interesante, incluye una pelota de playa y haz que valga diez puntos (si usas esta

variación, cuelga un póster en la pared que muestre los colores y su valor correspondiente. Esta es una excelente oportunidad para incluir a uno o dos de los chicos artistas).

2. Juega una serie de tres, cinco o siete vueltas.
3. Divide el salón en cuatro secciones y usa las mismas reglas para jugar con cuatro equipos simultáneamente si los chicos se empiezan a cansar del juego (o si tienes un grupo grande).
4. Si un globo se estalla durante el juego, el equipo que lo hizo estallar es penalizado, restándosele el mismo número de puntos que valga el globo.
5. Si necesitas disponer de más tiempo, pídeles a los chicos que te ayuden a inflar los globos al inicio del juego.

Jason Wetherholt

Entrega dominós

Puedes jugar este juego con cualquier número de chicos. El mismo permite que las personas que forman parte de grupos grandes se relacionen. Dale a cada chico una pieza de dominó cuando estén ingresando en el salón o usa tarjetas que parezcan fichas de dominó. El juego permite que los chicos se organicen y se sienten en grupos rápidamente luego de que el líder anuncie las directrices. ¡Pensarás en infinidad de posibilidades, así que diviértete con ellas!

Ejemplo de directrices
Reúnanse con otros que tengan el mismo dominó.
Reúnanse con otros que tengan el mismo número de puntos en su ficha.
Hagan pareja con alguien de tal forma que sumen veinte puntos.

Heath Kumnick

Aves en la estatua

Realiza este juego al aire libre o en un salón grande y vacío. Traza un círculo en el piso con tiza o cinta adhesiva. El círculo deberá ser un poco más pequeño de lo que se necesite para contener a todo el grupo. (Este círculo representa la parte superior de la estatua). Traza otro círculo más grande concéntrico con el anterior que represente el espacio de vuelo. Haz sonar alguna música y permite que los chicos caminen afuera del círculo exterior con sus brazos abiertos imitando a palomas que vuelan. Cuando la música se detenga, todas las palomas deberán aterrizar en la estatua. Alguien va a permanecer fuera. La última persona en aterrizar obtiene un punto, pero no queda eliminada. Juega tantas veces como el grupo desee.

Steve Case